多维视角下的
经济管理与创新研究

陈万荣　王佳琦　魏春明　著

吉林文史出版社

图书在版编目（CIP）数据

多维视角下的经济管理与创新研究 / 陈万荣, 王佳琦, 魏春明著. -- 长春：吉林文史出版社, 2024. 8.

ISBN 978-7-5752-0528-3

Ⅰ. F2

中国国家版本馆CIP数据核字第2024CD1775号

多维视角下的经济管理与创新研究

DUOWEI SHIJIAO XIA DE JINGJI GUANLI YU CHUANGXIN YANJIU

出 版 人：	张　强
著　　者：	陈万荣　王佳琦　魏春明
责任编辑：	张宏伟
版式设计：	张红霞
封面设计：	王　哲
出版发行：	吉林文史出版社
电　　话：	0431-81629352
地　　址：	长春市福祉大路5788号
邮　　编：	130117
网　　址：	www.jlws.com.cn
印　　刷：	北京昌联印刷有限公司
开　　本：	710mm×1000mm　1/16
印　　张：	14.25
字　　数：	220千字
版次印次：	2024年8月第1版　2024年8月第1次印刷
书　　号：	ISBN 978-7-5752-0528-3
定　　价：	78.00元

前　言

在全球化日益加深、知识经济迅猛发展的当下，经济管理作为企业生存与发展的核心驱动力，正面临着前所未有的挑战与机遇。传统的经济管理理念与模式，虽然在过去的历史长河中发挥了重要作用，但在新的时代背景下，其局限性也日益凸显。因此，从多维视角出发，深入探索经济管理的创新与发展，成为当前企业管理研究的重要课题。

经济管理是一个复杂而庞大的系统，它涉及企业的方方面面，包括战略规划、资源配置、生产运营、市场营销、财务管理等。每一个方面都是一个独立的维度，而每一个维度又与其他维度紧密相连，相互影响、相互制约。因此，我们需要从多维视角出发，全面审视经济管理的各个方面，以期找到创新与发展的突破口。

本书将从多维视角出发，对经济管理与创新进行深入研究。先是从经济管理的多维理论框架入手，介绍了全球经济格局下的管理策略，接着详细分析了技术创新与经济管理、市场结构与管理创新、人力资源管理与经济绩效、财务管理与投资决策及环境保护与绿色经济等内容。

本书在撰写过程中参考和借鉴了一些专家和学者的研究成果，在此表示衷心的感谢！由于作者水平、时间和精力所限，书中不妥之处在所难免，敬请广大专家、读者批评指正，以促使本书的进一步完善。

目 录

第一章　经济管理的多维理论框架

第一节　经济管理的历史演进

一、古典经济管理思想的起源

古典经济管理思想的起源，是伴随着人类社会的发展和演变而逐步形成的。这一思想体系的产生，可以从四个方面进行深入分析：社会背景、经济基础、思想准备及实践需求。

（一）社会背景

古典经济管理思想的起源，首先离不开其所处的社会背景。在 19 世纪末 20 世纪初的西方国家，随着工业革命的深入发展，生产力得到了极大的提升，社会结构发生了巨大的变革。这一时期，资本主义制度逐渐确立，市场经济成为主导，企业组织规模不断扩大，管理问题日益凸显。在这样的社会背景下，对于管理问题的探讨和研究成了一个迫切的需求，古典经济管理思想应运而生。

在这一时期，社会的快速发展对管理提出了新的要求。随着生产规模的扩大和市场竞争的加剧，企业面临着前所未有的挑战。如何提高生产效率、降低生产成本、优化资源配置、加强组织协调等问题，成了企业亟待解决的问题。古典经济管理思想正是针对这些问题，提出了一系列科学的管理理论和方法，为企业的发展提供了有力的支持。

（二）经济基础

古典经济管理思想的起源，也与其所处的经济基础密切相关。在工业革命时期，西方国家经历了从农业社会向工业社会的转变，生产方式发生了根本性的变化。机器大生产取代了手工生产，生产效率得到了极大的提高。然而，这种生产方式也对管理提出了新的要求。如何使机器设备得到充分利用、如何合理安排劳动力、如何制订科学的生产计划等问题，成了管理者需要面对的新问题。古典经济管理思想正是在这样的经济基础之上，形成了一套科学的管理理论和方法。

（三）思想准备

古典经济管理思想的起源，还离不开其思想准备。在19世纪之前，人们对于管理问题的认识还比较模糊和零散。然而，随着自然科学的发展和社会科学的进步，人们对于管理问题的认识逐渐清晰和深入。一些思想家和学者开始从科学的角度探讨管理问题，提出了一些初步的管理理论和方法。这些思想为古典经济管理思想的形成提供了重要的思想准备。

例如，亚当·斯密在《国富论》中提出了分工理论，为古典经济管理思想中的专业化分工提供了重要的理论基础。斯图亚特·穆勒则在其著作中提出了"经济人"假设，为古典经济管理思想中的"经济人"假设提供了思想准备。

（四）实践需求

古典经济管理思想的起源，最终还是要归结到其实践需求上。在19世纪末20世纪初的西方国家，随着工业革命的深入发展和社会结构的变革，企业面临着前所未有的挑战。如何提高生产效率、降低生产成本、优化资源配置、加强组织协调等，成了企业亟待解决的问题。这些问题的解决需要一套科学的管理理论和方法作为指导。古典经济管理思想正是在这样的实践需求下产生的。

在实践需求的推动下，古典经济管理思想不断发展和完善。泰勒提出了科学管理理论，强调了对工人进行科学管理和培训的重要性；法约尔提出了管理过程理论，强调了管理活动的系统性和规范性；韦伯提出了古典行政组织理论，强调了组织结构的等级性和规范性。这些理论和方法为企业的管理提供了有力的支持，推动了企业的发展和进步。

二、工业革命与经济管理的发展

工业革命作为人类历史上一次划时代的变革，极大推动了生产力的发展和社会结构的转型。在这一历史进程中，经济管理也经历了深刻的变革和发展。以下从四个方面对工业革命与经济管理的发展进行深入分析。

（一）生产力变革与经济管理模式的演进

工业革命的核心是生产力的变革，机器大生产取代了手工生产，生产效率得到了极大提高。这种变革要求经济管理必须适应新的生产方式，采取更加科学、系统的管理方法和手段。随着生产规模的扩大和市场竞争的加剧，企业面临着前所未有的挑战，传统的经验管理已经无法满足需求。因此，经济管理必须向科学化、系统化的方向发展，形成一套完整的管理理论和方法体系。

一些先驱者开始探索科学的管理方法，如泰勒的科学管理理论、法约尔的管理过程理论等。这些理论和方法为企业的管理提供了有力支持，推动了经济管理模式的演进。

（二）市场经济发展与经济管理职能的拓展

工业革命促进了市场经济的发展，商品经济成为主导。市场经济的发展要求经济管理必须具备更加广泛的职能，不仅要关注企业内部的生产和经营活动，还要关注企业外部的市场环境和竞争态势。因此，经济管理的职能不断拓展，涵盖了计划、组织、领导、控制等多个方面。

在市场经济条件下，企业必须根据市场需求制订生产计划，合理组织生产要素的配置。同时，企业还需要加强领导和管理，提高员工的工作积极性和效率。此外，企业还需要对生产过程进行监控，确保生产活动的顺利进行。这些职能的拓展要求经济管理必须具备更高的专业性和系统性。

（三）技术进步与经济管理方法的创新

工业革命推动了技术的飞速发展，新技术不断涌现，为企业的生产和管理提供了更多的可能性。技术进步要求经济管理必须不断创新管理方法和手段，以适应新的生产方式和市场需求。

随着计算机技术和信息技术的不断发展，经济管理方法也得到了极大的创新。例如，计算机技术的应用使得数据处理和分析变得更加快捷和准确；信息技术的应用则使得企业能够实时掌握市场动态和客户需求信息。这些创新不仅提高了企业的管理效率和市场竞争力，也为经济管理的发展提供了新的思路和方法。

（四）社会变革与经济管理理念的更新

工业革命不仅推动了经济和社会的发展，也引发了深刻的社会变革。这种变革要求经济管理必须不断更新管理理念，以适应新的社会环境和价值观念。

在工业革命时期，随着生产方式的变革和市场竞争的加剧，人们对于企业的社会责任和伦理要求也越来越高。因此，经济管理必须关注企业的社会责任和伦理问题，树立以人为本的管理理念。这种理念的更新不仅要求企业关注员工的权益和福利问题，还要求企业关注环境保护和社会公益问题，推动了经济管理的不断进步和发展。

三、现代经济管理理论的形成

现代经济管理理论的形成，是伴随着工业革命深化、科技进步和社会变革的步伐而逐步发展起来的。以下从四个方面对现代经济管理理论的形成进行深入分析。

（一）工业革命深化与经济管理的科学化

随着工业革命的深化，生产力和生产关系发生了根本性的变革，企业规模不断扩大，市场竞争日益激烈。在这样的背景下，传统的经验管理已无法满足企业发展的需要，科学的管理理论和方法应运而生。现代经济管理理论的形成，首先是基于对企业经营活动的深入分析和研究，通过科学的方法和技术手段，对企业的生产、经营、销售等各个环节进行优化和整合，以提高企业的管理效率和经济效益。

在工业革命深化的过程中，科学技术的发展为经济管理提供了有力的支持。例如，数学、统计学、心理学等学科的发展，为经济管理提供了丰富的理论工具和方法。同时，计算机和互联网等技术的应用，使得数据收集、处理和分析变得更加快捷和准确，为经济管理提供了更加可靠的信息支持。

（二）科技进步与经济管理方法的创新

科技进步是推动现代经济管理理论形成的重要因素之一。随着科技的不断进步，新的管理方法和工具不断涌现，为经济管理提供了更多的可能性。例如，现代经济管理理论中的系统论、控制论、信息论等理论，都是基于科技进步而形成的。这些理论和方法的应用，使得经济管理更加科学、高效和灵活。

同时，科技进步也推动了经济管理方法的创新。例如，现代经济管理中的决策支持系统、企业资源计划（ERP）系统、供应链管理（SCM）等先进的管理工具和技术，都是基于计算机和互联网技术的发展而诞生的。这些工具和技术的应用，极大地提高了企业的管理效率和竞争力。

（三）社会变革与经济管理理念的更新

社会变革是现代经济管理理论形成的另一个重要因素。随着社会的不断发展，人们对于企业的期望和要求也在不断变化。传统的以追求利润最大化为目标的管理理念已经无法满足社会的需求，新的管理理念不断涌现。

例如，在现代经济管理理论中，企业社会责任、可持续发展等理念得到了广泛的关注和应用。这些理念强调企业在追求经济效益的同时，也要关注社会和环境的影响，承担相应的社会责任。这种理念的更新，不仅推动了经济管理理论的创新和发展，也促进了企业和社会的和谐发展。

（四）经济全球化与经济管理理论的国际化

经济全球化是现代经济管理理论形成的另一个重要背景。随着全球化进程的加速，企业面临着更加复杂和多变的市场环境。在这样的背景下，企业需要具备更加开放和包容的管理理念和方法，以适应全球化的挑战。

现代经济管理理论的形成过程中，国际化是一个重要的趋势。许多经济管理理论和方法都是在国际范围内形成和发展的。例如，国际商务管理、跨文化管理等理论和方法，都是基于全球化背景而形成的。这些理论和方法的应用，不仅有助于企业更好地适应全球化的市场环境，也促进了经济管理理论的国际化发展。

四、经济管理理论的新趋势

在当今全球化和信息化的大背景下，经济管理理论正经历着前所未有的变革和发展。新的经济环境、技术进步及社会期望的不断演变，共同推动着经济管理理论形成一系列新的趋势。以下从四个方面对经济管理理论的新趋势进行深入分析。

（一）数字化转型与智能化管理

随着大数据、云计算、人工智能等技术的迅猛发展，数字化转型已经成为企业发展的重要战略方向。在经济管理领域，数字化转型表现为对企业内部运营的全面信息化、数据化及智能化管理。这种转变使得企业能够更加高效地收集、分析和利用数据，以支持决策制定、优化资源配置和提升运营效率。

智能化管理则是数字化转型的高级阶段，它利用人工智能技术对海量数据进行深度挖掘和分析，实现对企业运营的智能预测、优化和决策。智能化管理不仅提高了企业的管理效率和准确性，还为企业带来了更多的创新机会和竞争优势。

（二）可持续发展与绿色经济

在全球环境问题日益严重的背景下，可持续发展和绿色经济已经成为经济管理理论的重要趋势。可持续发展强调企业在追求经济效益的同时，要关注社会和环境的影响，实现经济、社会和环境的协调发展。绿色经济则是以保护环境、节约资源、促进可持续发展为目标的经济形态。

在经济管理领域，可持续发展和绿色经济的趋势表现为企业越来越注重环保和社会责任，将绿色理念融入企业管理的各个环节。同时，政府也通过制定相关政策和标准，推动企业向绿色、低碳、循环的方向发展。

（三）全球化与跨文化管理

全球化使得企业面临更加复杂多变的市场环境和文化差异。在全球化背景下，跨文化管理成为经济管理理论的重要趋势。跨文化管理强调企业在跨国经营中要注重文化差异的理解和尊重，建立适应不同文化背景的管理模式。

在跨文化管理的过程中，企业需要关注不同文化背景下员工的需求、价值观和行为方式，制定符合当地文化的管理策略。同时，企业还需要加强跨文化沟通和协调，建立有效的跨文化团队和合作伙伴关系。

总之，经济管理理论的新趋势反映了全球化和信息化背景下企业面临的新挑战和机遇。企业需要不断适应这些新趋势，加强数字化转型、注重可持续发展、加强跨文化管理及创新驱动和知识管理等方面的建设，以应对日益复杂多变的市场环境。

第二节　经济管理的理论体系

一、微观经济管理理论

微观经济管理理论，作为经济学的重要分支，主要研究的是单个经济单位（如家庭、企业等）在特定市场条件下的经济行为及其决策过程。以下从四个方面对微观经济管理理论进行深入分析。

（一）理论基础与核心概念

微观经济管理理论建立在多个经济学基本概念之上，如供求关系、边际分析、消费者行为和生产者行为等。这些概念为理解个体经济单位如何在市场上做出决策提供了理论基础。供求关系揭示了市场价格形成的机制，边际分析则帮助决策者确定最优的资源配置。消费者行为理论关注个体消费者如何在有限的预算下最大化其效用，而生产者行为理论则研究企业如何在给定的资源约束下最大化其利润。

在微观经济管理理论中，市场机制发挥着核心作用。市场机制通过价格信号引导资源配置，使得资源流向效率更高的领域。然而，市场机制并非完美无缺，市场失灵的现象时有发生。微观经济管理理论也探讨了市场失灵的原因和解决办法，如政府干预、市场规制等。

（二）个体经济行为分析

微观经济管理理论的核心在于对个体经济行为的分析。这包括消费者的购买决策、生产者的投资决策及二者之间的交互作用。消费者在购买商品和服务时，会根据自身的需求、偏好和预算做出选择。生产者则根据市场需求、技术条件和生产成本制订生产计划。在个体经济行为分析中，微观经济管理理论强调个体决策的自利性和理性，认为个体在经济活动中会追求自身利益的最大化。

此外，微观经济管理理论还探讨了信息不对称、外部性等因素对个体经济行为的影响。信息不对称可能导致市场失灵，如价格扭曲、道德风险等；外部性则涉及个体行为对他人或社会的非直接影响。这些因素使得个体经济行为的分析更加复杂和深入。

（三）市场结构与竞争策略

市场结构是微观经济管理理论中的另一个重要概念。市场结构的不同会影响企业的竞争策略和市场行为。在完全竞争市场中，企业数量众多且产品同质化，企业无法通过改变价格或产量来影响市场。而在垄断市场中，企业则可以通过控制产量和价格来最大化其利润。此外，还有垄断竞争市场和寡头市场等不同类型的市场结构。

在不同的市场结构下，企业需要采取不同的竞争策略。例如，在完全竞争市场中，企业需要关注成本控制和产品创新以提高竞争力；而在垄断市场中，企业则需要通过制定价格歧视策略、建立品牌壁垒等方式来维持其市场地位。

（四）政策应用与实践

微观经济管理理论不仅关注个体经济行为和市场结构，还关注政策应用与实践。政府作为宏观经济的管理者，可以通过制定和实施相关政策来影响微观经济主体的行为和市场结构。例如，政府可以通过税收政策、价格管制、市场准入等手段来调节市场供求关系和资源配置。此外，政府还可以通过提供公共服务、促进技术创新等方式来支持微观经济主体的发展。

在微观经济管理理论的指导下，政府可以更加精准地制定和实施相关政策，以实现经济稳定、社会公平和可持续发展的目标。同时，微观经济管理理论也为微观经济主体提供了决策依据和行动指南，帮助它们更好地适应市场环境、提高竞争力和实现可持续发展。

二、宏观经济管理理论

宏观经济管理理论是研究整个国民经济运行规律，以及国家如何通过经济政策和工具来调控经济运行的理论体系。以下将从四个方面对宏观经济管理理论进行深入分析。

（一）宏观经济管理理论的基础框架

宏观经济管理理论的基础框架包括经济目标、政策工具和经济模型等核心要素。经济目标是宏观经济管理的出发点和落脚点，通常包括经济增长、物价稳定、充分就业和国际收支平衡等。政策工具是实现经济目标的手段，主要包括财政政策和货币政策两大类。财政政策通过调整政府支出和税收来影响总需求，货币政策则通过调控利率和货币供应量来影响经济活动。经济模型是宏观经济管理理论的分析工具，用于预测和评估经济政策的效果。

在基础框架中，宏观经济管理理论强调政府对经济的宏观调控作用。政府通过制定和实施经济政策，引导资源优化配置，促进经济稳定增长。同时，政府还需要关注经济发展的可持续性，确保经济增长与环境保护、社会公平等目标相协调。

（二）宏观经济管理的目标与政策选择

宏观经济管理的目标是实现经济的稳定增长、物价稳定、充分就业和国际收支平衡。这些目标之间存在一定的矛盾和冲突，因此政策选择需要综合考虑各种因素。例如，在经济增长和物价稳定之间，政府需要权衡经济增长的速度和物价上涨的压力，制定合适的财政政策和货币政策。在充分就业和国际收支平衡之间，政府需要关注劳动力市场状况和外部经济环境的变化，采取相应的政策措施。

政策选择还需要考虑不同经济周期阶段的特点。在经济繁荣期，政府需要采取措施防止经济过热和通货膨胀；在经济衰退期，政府则需要通过刺激总需求来促进经济复苏。此外，政策选择还需要关注国际经济环境的变化，如国际贸易摩擦、国际金融市场波动等，以及国内经济结构的调整和优化。

（三）宏观经济管理政策的传导机制

宏观经济管理政策的传导机制是指政策工具如何影响经济变量并最终实现经济目标的过程。财政政策和货币政策的传导机制包括多个环节，如政策制定、政策实施、市场反应和经济调整等。

在财政政策方面，政府通过调整支出和税收来影响总需求。当政府增加支出时，会刺激总需求上升；当政府减少税收时，会增加居民和企业的可支配收入，从而刺激消费和投资。这些政策效应会通过市场传导至企业和居民等微观经济主体，进而影响整个经济体系的运行。

在货币政策方面，中央银行通过调整利率和货币供应量来影响经济活动。当中央银行降低利率时，会降低贷款成本并刺激投资和消费；当中央银行增加货币供应量时，会降低市场利率并刺激总需求。这些政策效应也会通过市场传导至金融机构和企业等经济主体，进而影响整个经济体系的运行。

随着全球化和信息化的深入发展，宏观经济管理面临着越来越多的挑战。这些挑战包括全球经济的不确定性和风险性、国内经济结构的调整和转型、人口老龄化和劳动力市场的变化等。这些挑战对宏观经济管理理论提出了新的要求，需要进一步完善和发展。未来，宏观经济管理理论需要在以下几个方面进行展望：一是加强对全球经济形势的监测和分析，提高预测和应对风险的能力；二是关注国内经济结构的调整和转型，推动经济高质量发展；三是加强人口老龄化和劳动力市场的研究，为政策制定提供科学依据；四是推动宏观经济管理理论与实践的深度融合，提高政策效果和实施效率。

三、国际经济管理理论

国际经济管理理论是探讨不同国家之间经济关系、经济互动及国际经济现象的理论体系。在当前全球化的背景下，国际经济管理理论显得尤为重要。以下将从四个方面对国际经济管理理论进行深入分析。

（一）国际经济管理理论的基本概念与范畴

国际经济管理理论的核心在于理解和分析国家间经济互动的机制、规律和影响因素。其基本概念包括国际贸易、国际投资、国际金融、国际经济合作等，这些概念共同构成了国际经济管理理论的基本范畴。国际贸易研究的是不同国家之间的商品和服务交换；国际投资关注的是资本在不同国家之间的流动和配置；国际金融则研究国际货币体系、汇率制度及国际金融市场等问题；国际经济合作则强调国家间在经济、技术、资源等方面的互补与合作。

国际经济管理理论还涉及一些重要的理论框架和模型，如比较优势理论、要素禀赋理论、贸易保护主义理论等。这些理论框架和模型为分析国家间经济关系提供了有力的工具和方法。

（二）国际经济管理的目标与政策工具

国际经济管理的目标主要包括促进国际贸易和投资自由化、推动全球经济增长和繁荣、维护国际经济秩序和稳定等。为实现这些目标，各国政府和国际组织会采取一系列政策工具进行干预和调控。

在国际贸易方面，各国政府可以通过签订贸易协定、降低关税和非关税壁垒等方式促进贸易自由化；在国际投资方面，政府可以通过提供税收优惠、改善投资环境等措施吸引外资；在国际金融方面，中央银行可以通过调整利率、汇率等货币政策工具影响国际资本流动；在国际经济合作方面，各国可以通过技术援助、资源开发等方式实现互利共赢。

（三）国际经济管理的挑战与问题

随着全球化的深入发展，国际经济管理面临着越来越多的挑战和问题。这些挑战包括全球经济失衡、贸易保护主义抬头、国际金融市场波动加剧等。全球经济失衡表现为一些国家经济过度依赖外部市场，而另一些国家则面临资源枯竭和环境污染等问题；贸易保护主义抬头使得国际贸易和投资受到阻碍，影响了全球经济的增长和繁荣；国际金融市场波动加剧则增加了全球经济的系统性风险。

为解决这些挑战和问题，国际经济管理理论需要不断创新和发展。例如，可以通过加强国际合作和协调来应对全球经济失衡；通过推动贸易和投资自由化来抵制贸易保护主义；通过完善国际金融监管体系来防范金融风险等。

（四）国际经济管理理论的未来展望

展望未来，国际经济管理理论将继续发展和完善。一方面，随着全球化的深入发展，国际经济管理的范围和领域将不断扩大，需要更加深入地研究和分析国家间经济互动的机制、规律和影响因素。另一方面，随着新技术和新业态的出现，国际经济管理理论也需要不断创新和更新，以更好地适应全球经济的变化和发展。

同时，国际经济管理理论还需要关注一些新的议题和挑战，如气候变化、可持续发展等。这些议题不仅影响国家间的经济关系，也涉及人类的生存和发展。因此，国际经济管理理论需要加强对这些议题的研究和分析，为推动全球经济的可持续发展做出贡献。

四、发展经济学与管理

发展经济学与管理作为经济学的一个重要分支，专注于研究发展中国家或地区如何实现经济增长、减少贫困、提高社会福利和实现可持续发展。以下将从四个方面对发展经济学与管理进行深入分析。

（一）发展经济学与管理的基本概念与理论框架

发展经济学与管理研究的核心在于探讨发展中国家或地区经济发展的内在规律和动力机制。其基本概念包括经济增长、经济发展、贫困与不平等、制度变迁等。经济增长指的是一个国家或地区在一定时期内生产的产品和劳务总量的增加，而经济发展则更强调经济结构的优化、社会福利的提高和可持续发展的实现。贫困与不平等关注的是发展过程中的收入分配和社会公正问题，而制度变迁则探讨制度因素在经济发展中的重要作用。

在理论框架上，发展经济学与管理涵盖了多种理论，如结构主义发展理论、新古典发展理论、新增长理论、制度主义发展理论和依附发展理论等。这些理论各有侧重，但共同构成了发展经济学与管理的理论体系，为发展中国家或地区的经济发展提供了多元化的分析和指导。

（二）发展经济学与管理的政策工具与实践

发展经济学与管理关注如何通过政策工具和实践来推动发展中国家或地区的经济增长和社会发展。政策工具主要包括财政政策、货币政策、产业政策、贸易政策等，这些政策旨在优化资源配置、促进产业升级、增强国际竞争力等。在实践中，发展中国家或地区需要根据自身国情和发展阶段，选择合适的政策组合和工具，以实现经济增长和社会发展的目标。

同时，发展经济学与管理也强调政策的针对性和有效性。在制定和实施政策时，需要充分考虑发展中国家或地区的特殊性和复杂性，避免一刀切的政策模式。此外，发展经济学与管理还关注政策执行的效率和公正性，确保政策能够真正惠及广大民众。

（三）发展经济学与管理面临的挑战与问题

发展经济学与管理面临着诸多挑战和问题。首先，全球化进程加速使得发展中国家或地区面临更加激烈的国际竞争和资源争夺。其次，环境保护和可持续发展的要求使得传统的发展模式难以为继。此外，制度不健全、腐败问题、社会不公等问题也严重制约了发展中国家或地区的经济发展。

针对这些挑战和问题，发展经济学与管理需要不断创新和完善。一方面，需要加强对全球化进程的研究和分析，探索适合发展中国家或地区的发展道路。另一方面，需要加强环境保护和可持续发展的意识，推动绿色经济和循环经济的发展。此外，还需要加强制度建设和社会公正建设，为经济发展创造良好的社会环境和制度保障。

（四）发展经济学与管理的未来展望

展望未来，发展经济学与管理将继续发挥重要作用，为发展中国家或地区的经济发展提供理论支持和实践指导。随着全球化和信息化的深入发展，发展经济学与管理将面临更加复杂和多元的发展环境。因此，需要加强对新技术、新业态和新模式的研究和分析，以更好地适应全球经济的变化和发展。

同时，发展经济学与管理还需要关注一些新的议题和挑战，如人口老龄化、气候变化等。这些议题不仅影响发展中国家或地区的经济发展，也关系到人类的生存和发展。因此，发展经济学与管理需要加强对这些议题的研究和分析，为推动全球经济的可持续发展做出贡献。

总之，发展经济学与管理作为一门重要的经济学分支，将继续为发展中国家或地区的经济发展提供理论支持和实践指导，推动全球经济实现更加平衡、包容和可持续发展。

第三节 多维视角下的经济管理观

一、系统论与经济管理的关系

系统论与经济管理的关系是一个深入且复杂的议题，它涉及对经济管理活动的全面理解和系统分析。以下将从四个方面详细探讨系统论与经济管理的关系。

（一）系统论为经济管理提供理论框架

系统论作为一种研究系统的一般模式、结构和规律的学问，为经济管理提供了坚实的理论框架。经济管理活动本质上是一个复杂的系统过程，涉及多个相互关联、相互作用的要素和环节。系统论强调整体性、关联性、等级结构性、动态平衡性和时序性等系统基本特征，这些特征在经济管理活动中得到了充分的体现。通过将经济管理视为一个系统，可以更加全面地理解和把握经济活动的运行规律，为经济决策提供科学的依据。

具体来说，系统论可以帮助我们识别经济管理中的关键要素和环节，理解它们之间的相互作用和相互影响。同时，系统论还可以揭示经济管理系统的层次结构和动态平衡性，为制定有效的经济政策和策略提供指导。例如，在制定产业发展政策时，系统论可以帮助我们分析产业链上下游的关联性和相互影响，从而制定出更加符合产业发展规律的政策措施。

（二）经济管理活动体现系统论思想

经济管理活动本身就是一种系统过程，它体现了系统论的思想。在经济管理过程中，需要综合考虑各种因素和资源，协调各个环节和部门之间的关系，以实现经济目标的最优化。这种综合考虑和协调的过程正是系统论所强调的整体性和关联性的体现。

同时，经济管理活动还体现了系统论的等级结构性和动态平衡性。经济管理活动通常涉及多个层次和领域，需要建立相应的组织结构和管理体系。这种组织结构和管理体系反映了经济管理系统的等级结构性。另外，经济管理活动还需要在不断变化的环境中保持动态平衡，以应对各种不确定性和风险。这种动态平衡性也是系统论所强调的。

（三）系统论与经济管理的互补性

系统论和经济管理具有互补性，二者相互促进、共同发展。一方面，系统论为经济管理提供了理论支持和方法论指导，使经济管理更加科学化和系统化。另一方面，经济管理实践也为系统论的发展提供了丰富的素材和案例，推动了系统论的不断完善和创新。

具体来说，系统论可以帮助经济管理者更加全面地认识和理解经济活动的运行规律，为制定科学、合理的经济政策和策略提供理论支持。同时，经济管理实践也可以为系统论的研究提供实际案例和验证数据，促进系统论理论体系的不断完善和发展。

（四）系统论与经济管理的融合趋势

随着全球化和信息化的深入发展，经济管理活动面临着越来越复杂和多元的挑战。为了更好地应对这些挑战，系统论和经济管理的融合趋势日益明显。通过将系统论的思想和方法应用于经济管理实践中，可以更加深入地理解经济活动的运行规律，提高经济管理的效率和效果。

具体来说，系统论可以帮助经济管理者建立更加全面、系统的经济管理体系，实现资源的优化配置和合理利用。同时，系统论还可以为经济管理者提供更加科学、有效的决策支持工具和方法，帮助他们更好地应对各种不确定性和风险。这种融合趋势将推动经济管理向更加科学、高效的方向发展。

二、生态经济管理观

生态经济管理观是一种强调经济发展与生态环境保护相协调、相促进的管理理念。在当前全球环境问题日益突出、资源约束趋紧的背景下，生态经济管理观成为指导可持续发展的重要理论支撑。以下从三个方面对生态经济管理观进行深入分析。

（一）生态经济管理观的理论基础

生态经济管理观的理论基础主要来源于生态学、经济学、管理学等多学科的交叉融合。生态学揭示了生物与环境之间的相互依存、相互作用关系，强调了生态系统的稳定性和可持续性；经济学则关注资源的有效配置和经济增长的动力机制；管理学则探讨如何通过组织、计划、协调、控制等手段实现组织目标。这些学科的理论为生态经济管理观提供了丰富的理论支撑，使其成为一个跨学科、综合性的管理理念。

在生态经济管理观中，经济增长与生态环境保护被视为相互依存、相互促进的两个方面。经济发展需要资源的支撑，但资源的过度消耗和环境的破坏又会制约经济的发展。因此，实现经济的可持续发展必须建立在生态环境的保护和恢复之上。这种理念强调了在经济发展过程中要充分考虑生态环境的承载能力，实现经济与环境的协调发展。

（二）生态经济管理观的核心原则

生态经济管理观的核心原则主要包括以下几个方面：

1.可持续发展原则：生态经济管理观强调经济发展必须建立在可持续的基础上，既满足当代人的需求又不损害后代人满足其需求的能力。这一原则要求我们在经济发展过程中要充分考虑资源的可持续利用和环境的保护。

2.生态环境保护优先原则：在经济发展与生态环境保护相冲突的情况下，生态经济管理观强调要优先考虑生态环境的保护。这一原则要求我们在制定经济政策和策略时要充分考虑生态环境的承载能力，避免过度开发和破坏。

3.综合效益最大化原则：生态经济管理观追求的是经济、社会和生态效益的综合最大化。这一原则要求我们在经济发展过程中要充分考虑资源的综合利用、环境的保护和社会的福祉，实现经济效益、社会效益和生态效益的协调统一。

（三）生态经济管理观的实践路径

生态经济管理观的实践路径主要包括以下几个方面：

1.推动绿色经济发展：通过发展绿色产业、推广绿色技术、加强绿色消费等方式，推动经济的绿色转型。这不仅可以减少对资源的消耗和环境的破坏，还可以提高经济的竞争力和可持续发展能力。

2. 加强生态环境保护：通过加强环境监管、推进生态修复、加强生态补偿等方式，保护和恢复生态环境。这不仅可以提高生态系统的稳定性和可持续性，还可以为经济发展提供有力的生态支撑。

3. 推进资源节约和循环利用：通过推广节能减排、加强资源回收和再利用等方式，实现资源的节约和循环利用。这不仅可以降低经济发展的资源消耗和环境污染，还可以提高资源的利用效率和经济效益。

随着全球环境问题的日益突出和可持续发展的要求不断提高，生态经济管理观将继续发挥重要作用。未来，生态经济管理观将更加注重理论与实践的结合，推动理论创新和实践应用的相互促进。同时，随着科技的进步和社会的发展，生态经济管理观也将不断拓展新的领域和新的实践方式，为实现全球的可持续发展做出更大的贡献。

三、文化因素在经济管理中的作用

文化因素在经济管理中的作用不容忽视，它渗透于经济活动的各个环节，影响着组织的决策过程、管理风格、员工行为及组织的长期发展。以下从四个方面对文化因素在经济管理中的作用进行深入分析。

（一）文化因素对经济决策的影响

经济决策是经济管理的核心环节，而文化因素在其中扮演着重要角色。不同的文化背景和价值观会导致人们在面对相同问题时产生不同的思考方式和决策偏好。例如，一些文化可能强调集体主义，注重团队的整体利益，而另一些文化可能更强调个人主义，注重个人的权益和利益。这些不同的价值观会直接影响经济决策的制定和执行。

此外，文化因素还会影响经济决策的风险偏好。一些文化可能更倾向于稳健和保守的决策，而另一些文化可能更倾向于冒险和创新。这种不同的风险偏好会影响组织的投资策略、市场拓展方式及产品创新等方面。

（二）文化因素对管理风格的影响

管理风格是组织文化的重要体现，而文化因素在其中起着决定性作用。不同的文化背景会导致不同的管理风格。例如，一些文化可能更强调权威和等级制度，注重上级对下级的控制和指导；而另一些文化可能更强调民主和平等，注重员工的参与和自主管理。

这种不同的管理风格会影响组织的运行效率和创新能力。权威和等级制度的管理风格可能有助于维持组织的稳定性和秩序，但也可能抑制员工的积极性和创新能力。而民主和平等的管理风格可能有助于激发员工的积极性和创新能力，但也可能导致组织的决策过程过于复杂和耗时。

（三）文化因素对员工行为的影响

员工是组织的重要组成部分，他们的行为直接受到组织文化的影响。文化因素通过塑造组织的价值观、信仰和行为规范来影响员工的行为。例如，一些文化可能强调勤奋和忠诚，要求员工尽职尽责、遵守规则；而另一些文化可能更强调创新和自由，鼓励员工勇于尝试、敢于创新。

这种不同的文化导向会影响员工的工作态度和行为表现。强调勤奋和忠诚的文化可能有助于培养员工的责任感和归属感，但也可能抑制员工的创新精神和个性发展。而强调创新和自由的文化可能有助于激发员工的创造力和想象力，但也可能导致员工过于自由散漫、缺乏纪律性。

（四）文化因素对组织长期发展的影响

文化因素对组织的长期发展具有深远的影响。一个组织的文化是其独特的竞争优势和核心竞争力的重要来源。一个具有积极、健康、向上的文化的组织往往能够吸引和留住优秀的人才，激发员工的积极性和创造力，推动组织的持续创新和发展。

同时，文化因素还会影响组织的适应能力和变革能力。一个具有开放、包容、创新文化的组织往往能够更好地适应外部环境的变化和挑战，及时做出调整和变革，保持组织的竞争力和生命力。

综上所述，文化因素在经济管理中的作用是多方面的、复杂的。它影响经济决策的制定和执行、塑造管理风格、影响员工行为及决定组织的长期发展。因此，在经济管理实践中，我们应该充分认识文化因素的重要性，积极塑造和培育有利于组织发展的文化氛围。

四、创新驱动的经济管理策略

在当今日新月异的全球经济环境中，创新驱动已成为推动经济发展的重要引擎。经济管理策略需要紧跟这一趋势，通过不断创新来适应和引领市场的变化。以下从四个方面对创新驱动的经济管理策略进行深入分析。

（一）技术创新引领经济管理策略

技术创新是创新驱动型经济管理策略的核心。在技术创新方面，企业应持续加大研发投入，积极探索新技术、新工艺和新材料，以提高产品的技术含量和附加值。同时，企业还应关注技术的融合与创新，将不同领域的技术进行有机结合，创造出更具竞争力的产品和服务。

技术创新不仅有助于提升企业的市场竞争力，还能够推动产业结构的优化升级。通过技术创新，企业可以开发出更加环保、高效、智能的产品，满足消费者对高品质生活的追求。同时，技术创新还能够带动相关产业的发展，形成产业链条的协同效应，推动整个经济的持续发展。

（二）管理创新优化经济管理策略

管理创新是创新驱动型经济管理策略的重要组成部分。在管理创新方面，企业应注重引入先进的管理理念和方法，优化管理流程，提高管理效率。通过管理创新，企业可以建立更加灵活、高效的组织结构，激发员工的积极性和创造力，形成企业的核心竞争力。

同时，管理创新还能够推动企业的数字化转型。在数字化时代，企业应充分利用大数据、云计算、人工智能等先进技术，实现业务流程的自动化和智能化，提高企业的运营效率和响应速度。数字化转型不仅有助于降低企业的运营成本，还能够提升企业的服务质量和客户满意度。

（三）人才培养支撑经济管理策略

人才是创新驱动型经济管理策略的重要支撑。在人才培养方面，企业应注重引进和培养高素质的人才队伍，打造具备创新精神和实践能力的人才梯队。通过人才培养，企业可以不断提高员工的专业素养和综合能力，为企业的发展提供源源不断的人才保障。

同时，企业还应建立健全的人才激励机制，激发员工的创新潜力和工作热情。通过制定合理的薪酬制度、提供广阔的发展空间和良好的工作环境等方式，吸引和留住优秀人才，为企业发展注入源源不断的动力。

（四）政策支持保障经济管理策略

政策支持是创新驱动型经济管理策略的重要保障。在政策支持方面，政府应加大对创新型企业的扶持力度，提供税收优惠、资金扶持、人才引进等方面的政策支持。同时，政府还应加大知识产权保护力度，维护创新者的合法权益，激发全社会的创新热情。

此外，政府还应加强产业规划和政策引导，推动产业结构的优化升级和新兴产业的发展。通过制订产业规划和制定科学合理的产业政策，引导企业加大研发投入和技术创新力度，推动经济的高质量发展。

综上所述，创新驱动的经济管理策略需要从技术创新、管理创新、人才培养和政策支持等方面入手，通过全面的创新来推动经济的发展。这种策略不仅能够提高企业的竞争力和市场地位，还能够推动整个经济的持续发展和繁荣。

第四节　经济管理与其他学科的交叉

一、经济管理与心理学的交叉

随着现代社会的快速发展，经济管理与心理学之间的交叉融合日益凸显出其重要性。这种交叉不仅为经济管理提供了新的理论支撑和实践指导，也深化了我们对人类经济行为和心理活动的理解。以下从四个方面对经济管理与心理学的交叉进行深入分析。

（一）理论基础的互补与融合

经济管理学与心理学在理论基础上存在着显著的互补性。经济管理学侧重于研究资源的配置、生产、分配和消费等经济现象，强调经济活动的效率和效益。而心理学则专注于探索人类的心理过程、情感和行为，关注个体的认知、情感、动机和决策等方面。

两者的交叉融合使得我们可以从更全面的角度理解经济行为。一方面，经济管理的理论框架为心理学提供了研究经济行为的具体情境和实际问题；另一方面，心理学的理论和方法为经济管理提供了揭示人类经济行为心理机制的工具和视角。例如，行为经济学就是经济管理与心理学交叉融合的一个重要领域，它利用心理学的方法来研究经济决策和市场行为，揭示了人类在经济活动中的心理偏差和限制性偏好。

（二）研究方法的互相借鉴

经济管理与心理学在研究方法上也存在着互相借鉴的趋势。经济管理学注重实证分析和数学建模等方法，通过数据分析和模型构建来揭示经济现象的本质和规律。而心理学则注重实验法、观察法和调查法等方法，通过实验研究、案例分析和问卷调查等手段来探究人类心理活动的规律。

两者的研究方法在交叉融合中互相借鉴，使得研究更加深入和全面。例如，行为实验作为一种结合经济学与心理学的研究方法，通过模拟真实的经济决策情境，观察和分析个体的经济行为和心理反应，从而揭示人类经济行为的心理机制。此外，脑成像技术等现代神经科学的研究方法也为经济管理与心理学的交叉研究提供了新的工具和手段。

（三）实践应用的相互促进

经济管理与心理学的交叉融合不仅在理论上具有重要意义，也在实践应用中发挥着重要作用。一方面，心理学的理论和方法可以帮助经济管理更好地理解和预测人类的经济行为，为企业的市场策略、产品设计和客户服务等提供有力支持。例如，消费心理学和市场营销学的交叉研究可以帮助企业更深入地了解消费者的需求和偏好，制定更有效的市场策略和产品策略。

另一方面，经济管理的实践也为心理学提供了新的研究领域和实际问题。例如，在投资决策、风险管理等领域中，人们常常会受到情绪、认知偏差等因素的影响而做出非理性的决策。这些实际问题为心理学提供了研究的机会和挑战，同时也为心理学的发展提供了新的方向。

（四）未来发展趋势的展望

随着经济全球化和市场竞争的加剧，经济管理与心理学的交叉融合将会更加紧密和深入。一方面，随着新技术的不断涌现和应用，如大数据、人工智能等技术将为经济管理与心理学的交叉研究提供新的机遇和挑战；另一方面，随着社会的不断发展和进步，人们对经济活动的认知和要求也在不断提高，这也为经济管理与心理学的交叉研究提出了新的要求和任务。

未来，经济管理与心理学的交叉研究将会更加关注人类经济行为的心理机制、心理偏差和限制性偏好等方面的问题，同时也将更加注重实践应用和社会责任等方面的问题。这将有助于我们更好地理解人类的经济行为和社会现象，为社会的可持续发展和经济繁荣做出更大的贡献。

二、经济管理与法学的结合

经济管理与法学作为两个独立但密切相关的学科，在现代社会中日益展现出其结合的重要性。这种结合不仅有助于更好地理解和解决经济活动中的法律问题，也为经济管理提供了新的视角和方法。以下从四个方面对经济管理与法学的结合进行深入分析。

（一）法律环境对经济管理的塑造作用

法律环境是经济管理的重要外部条件，它对企业和市场的运作产生深远影响。一个健全的法律环境能够为企业提供公平竞争的市场环境，保护企业的合法权益，促进市场经济的健康发展。同时，法律环境还能够规范企业的行为，防止不正当竞争和违法行为的发生，维护市场秩序和公共利益。

经济管理在法律环境的塑造下，需要更加注重合规性和风险管理。企业需要了解并遵守相关法律法规，确保经营活动的合法性和合规性。同时，企业还需要建立健全的风险管理机制，识别和评估潜在的法律风险，并采取相应的措施进行防范和应对。

（二）法学对经济管理的指导意义

法学作为一门研究法律现象和规律的学科，对经济管理具有重要的指导意义。法学通过研究法律的基本原则、制度和规则，为经济管理提供了法律基础和理论依据。

在经济管理实践中，法学可以指导企业制定符合法律要求的经营策略和决策方案。例如，在投资决策中，企业需要考虑投资项目的合法性、合规性和风险性，避免因违反法律法规而带来的法律风险和损失。同时，法学还可以指导企业建立健全的法律风险防范机制，提高企业的法律意识和风险意识。

（三）经济管理与法学的互动关系

经济管理与法学之间存在着密切的互动关系。一方面，经济管理活动需要遵守法律法规的约束和规范，确保经营活动的合法性和合规性。另一方面，法律环境也需要适应经济管理的需要，为经济活动提供有力的法律保障和支持。

在这种互动关系中，经济管理和法学需要相互借鉴和融合。经济管理可以借鉴法学的理论和方法，更好地理解和解决经济活动中的法律问题。同时，法学也需要关注经济管理的实践需求，为经济活动提供更加精准和有效的法律服务和保障。

随着全球化和信息化的发展，经济管理与法学的结合将呈现出更加紧密和深入的趋势。一方面，随着市场经济的不断完善和深化，经济活动对法律环境的要求将越来越高，需要更加健全和完善的法律体系来保障其健康发展。另一方面，随着科技的进步和创新的推动，经济管理将不断涌现出新的模式和业态，需要法律为其提供更加精准和有效的支持和保障。未来，经济管理与法学的结合将更加注重跨学科的研究和合作。通过加强学科之间的交流和合作，可以共同探索新的研究领域和方法，推动经济管理和法学学科的不断发展。同时，还需要注重实践应用和社会责任等方面的问题，为社会的可持续发展和经济繁荣做出更大的贡献。

三、经济管理与信息技术的融合

随着信息技术的迅猛发展，经济管理与信息技术的融合已成为现代经济体系的重要特征。信息技术的广泛应用不仅极大地提高了经济管理的效率和效果，也为经济管理带来了新的变革和机遇。以下从四个方面对经济管理与信息技术的融合进行深入分析。

（一）信息技术在经济管理中的应用现状

信息技术在经济管理中的应用已经渗透到各个层面和环节。从企业内部管理来看，信息技术被广泛应用于财务、人力资源、生产、供应链、销售等各个方面，通过实现信息的快速传递和共享，提高了企业内部的协同效率和管理水平。从宏观经济管理来看，信息技术也被用于政府决策、政策制定、市场监管等领域，通过收集和分析大量数据，为政府提供了更加科学、精准的决策支持。

此外，信息技术还推动了电子商务、互联网金融等新兴业态的发展，为经济管理带来了新的模式和机遇。这些新业态不仅改变了传统的商业模式和交易方式，也促进了经济的全球化和一体化。

（二）信息技术对经济管理方式的变革

信息技术的广泛应用对经济管理方式产生了深刻的变革。首先，信息技术改变了传统的信息收集和传递方式，实现了信息的实时更新和共享，使得经济管理更加高效、便捷。其次，信息技术推动了经济管理决策的智能化和精准化，通过数据挖掘、机器学习等技术手段，可以更加准确地预测市场趋势和消费者需求，为企业提供了更加科学的决策支持。此外，信息技术还推动了经济管理模式的创新，如云计算、大数据、物联网等新兴技术的应用，为经济管理提供了新的思路和手段。

（三）信息技术对经济管理的推动作用

信息技术的融合对经济管理的推动作用主要体现在以下几个方面。首先，信息技术提高了经济管理的效率和效果，使得企业能够更加快速地响应市场变化，提高竞争力。其次，信息技术推动了经济管理的创新和发展，为经济管理提供了新的模式和机遇。例如，电子商务、互联网金融等新兴业态的发展，不仅改变了传统的商业模式和交易方式，也促进了经济的全球化和一体化。此外，信息技术还推动了经济管理的国际化进程，使得企业能够更加方便地参与国际竞争和合作。

（四）经济管理与信息技术融合的未来趋势

随着信息技术的不断进步和创新，经济管理与信息技术的融合将呈现更加深入和广泛的趋势。首先，信息技术将不断推动经济管理方式的创新和发展，为经济管理提供更加高效、智能、精准的支持。其次，信息技术将不断促进新兴业态的发展和创新，为经济管理带来新的模式和机遇。例如，人工智能、区块链等新兴技术的应用，将推动经济管理的智能化和自动化水平不断提高。此外，信息技术还将不断推动经济管理的国际化进程，使得企业能够更加方便地参与国际竞争和合作，促进全球经济的繁荣和发展。

在未来，经济管理与信息技术的融合将更加紧密和深入，为经济管理带来更多的机遇和挑战。为了适应这种趋势，企业和政府需要不断加强信息技术的研究和应用，提高经济管理的水平和效率，推动经济的可持续发展。

四、经济管理与环境科学的互动

随着全球环境问题的日益严重，经济管理与环境科学的互动变得愈发重要。这种互动不仅有助于推动经济的可持续发展，也为环境科学提供了新的研究视角和方法。以下从四个方面对经济管理与环境科学的互动进行深入分析。

（一）环境科学对经济管理的指导意义

环境科学作为研究人类活动与自然环境相互关系的学科，为经济管理提供了重要的指导。环境科学通过研究自然资源的分布、生态系统的结构和功能、环境污染的成因和防治等问题，为经济管理提供了科学依据。在经济活动中，我们需要充分考虑环境因素的影响，合理开发和利用自然资源，防止和减少环境污染，实现经济的可持续发展。

环境科学对经济管理的指导意义体现在多个方面。首先，环境科学揭示了自然资源的有限性和生态系统的脆弱性，要求我们在经济活动中必须遵循自然规律，合理利用自然资源，避免过度开发和浪费。其次，环境科学指出了环境污染的严重性和危害性，要求我们在经济活动中必须采取有效措施，减少污染物的排放，保护生态环境。最后，环境科学为经济管理提供了科学的方法和工具，如环境评估、生态设计、绿色技术等，有助于推动经济的绿色转型和可持续发展。

（二）经济管理对环境科学的推动作用

经济管理对环境科学的发展也起到了重要的推动作用。经济活动是人类社会发展的重要组成部分，也是环境问题产生的主要原因之一。因此，经济管理对环境科学的研究内容和方向具有重要的影响。

首先，经济管理为环境科学提供了研究对象和研究内容。经济活动中的资源利用、污染排放等问题是环境科学研究的重要内容。通过深入研究这些问题，环境科学可以更好地揭示人类活动对自然环境的影响机制，为环境保护和可持续发展提供科学依据。

其次，经济管理为环境科学提供了研究方法和手段。经济管理中的经济分析、政策制定、市场调节等手段可以为环境科学的研究提供新的视角和方法。例如，经济分析可以帮助我们评估环境保护政策的成本和效益，为政策制定提供科学依据；市场调节手段可以引导企业采取环保措施，推动绿色经济的发展。

（三）经济管理与环境科学的相互促进

从以上两方面可以看出，这种相互促进的关系有助于推动经济管理和环境科学的共同发展。通过加强两个学科之间的交流和合作，可以共同探索新的研究领域和方法，推动经济管理和环境科学的创新和发展。同时，这种相互促进的关系也有助于推动经济的可持续发展和环境保护的协同推进。

（四）经济管理与环境科学互动的未来趋势

随着全球环境问题的日益严重和可持续发展的呼声不断高涨，经济管理与环境科学的互动将呈现出更加紧密和深入的趋势。

首先，未来的经济管理和环境科学将更加注重跨学科的研究和合作。通过加强两个学科之间的交流和合作，可以共同探索新的研究领域和方法，推动经济管理和环境科学的创新和发展。

其次，未来经济管理和环境科学将更加注重实践应用和社会责任。经济管理将更加注重企业的环保责任和社会责任，推动绿色经济的发展；环境科学将更加注重解决实际问题，为环境保护和可持续发展提供科学支持。

最后，未来经济管理和环境科学将更加注重全球化和国际化的视角。随着全球化的深入发展，环境问题已经成为全球性问题，需要各国共同应对。

因此，经济管理和环境科学将更加注重国际交流和合作，共同推动全球经济的可持续发展和环境保护。

第五节　现代经济管理的挑战与机遇

一、全球化背景下的管理挑战

随着全球化的不断深入，企业在面临前所未有的发展机遇的同时，也遭遇了一系列复杂而严峻的管理挑战。这些挑战不仅源于外部环境的快速变化，也涉及企业内部管理的调整和变革。以下从市场竞争、跨文化管理、供应链整合及技术创新四个方面，对全球化背景下的管理挑战进行深入分析。

（一）市场竞争的加剧

全球化背景下，企业面临的市场竞争日益加剧。竞争对手来自世界各地，他们可能拥有更低的成本、更高的生产效率、更先进的技术或更灵活的市场策略。参与这种竞争不仅要求企业不断提升自身的核心竞争力，还需要管理者具备敏锐的市场洞察力和快速的反应能力。在全球市场中，企业不仅要关注国内市场的动态，还要时刻关注国际市场的变化，以便及时调整市场策略，抓住市场机遇。

（二）跨文化管理的复杂性

全球化使企业不得不面对不同文化背景下的员工、合作伙伴和客户。这种跨文化管理的复杂性主要体现在以下几个方面：首先，不同文化背景下的员工具有不同的价值观、信仰和行为习惯，这要求管理者具备跨文化沟通和协调能力，以确保团队的有效运作；其次，不同文化背景下的客户对产品和服务的需求也存在差异，这要求企业深入了解并尊重这些差异，以满足客户的多样化需求；最后，跨文化管理还涉及法律、政策等方面的差异，这要求企业在跨国经营过程中必须遵守当地的法律法规，以避免法律纠纷。

（三）供应链整合的挑战

全球化使得企业的供应链变得更加复杂和漫长。供应链跨越多个国家和地区，涉及原材料采购、生产制造、物流配送等多个环节。这种供应链的复杂性给企业的管理带来了诸多挑战。首先，供应链中的各个环节可能存在信息不对称和沟通障碍的问题，这要求企业建立高效的信息沟通机制，确保供应链的顺畅运作；其次，供应链的跨国性质使得企业面临更高的政治、经济和文化风险，这要求企业建立完善的风险管理机制，以应对各种潜在风险；最后，供应链的优化和整合也要求企业具备强大的资源整合能力和战略眼光，以实现供应链的高效运作和成本控制。

（四）技术创新的压力

在全球化背景下，技术创新成为企业保持竞争力的关键。随着科技的快速发展，新的技术不断涌现，企业需要不断跟进并掌握这些新技术，以保持在市场竞争中的领先地位。然而，技术创新需要投入大量的资金和时间，并且存在很大的不确定性。这就要求管理者具备敏锐的市场洞察力和前瞻性的战略眼光，以识别出有价值的技术趋势，并制定相应的技术创新战略。同时，企业还需要建立完善的技术创新体系，包括研发、测试、生产和市场推广等各个环节的协同配合，以确保技术创新能够转化为实际的竞争优势。

二、知识经济时代的管理创新

随着知识经济时代的到来，管理领域正经历着前所未有的变革。知识作为核心资源，正逐渐取代传统的物质资源，成为推动经济增长和企业发展的关键因素。在这种背景下，管理创新成为企业应对挑战、把握机遇的必由之路。以下从管理理念、组织结构、人才管理和知识管理四个方面，对知识经济时代的管理创新进行深入分析。

（一）管理理念的创新

在知识经济时代，管理理念的创新是管理创新的基础。传统的以物质资源为核心的管理理念已经无法满足现代企业的需求。因此，企业需要树立以知识为核心的管理理念，强调知识的开发、共享和应用。这要求管理者从传统的"控制"思维转变为"引导"思维，从注重物质资源的投入转变为注重知识资源的投入。同时，企业还需要建立开放、包容的管理氛围，鼓励员工之间的知识交流和合作，激发员工的创新能力和潜力。

（二）组织结构的创新

组织结构是企业管理的基础框架，其合理与否直接影响到企业的管理效率和创新能力。在知识经济时代，企业需要建立更加灵活、扁平化的组织结构，以适应快速变化的市场环境。这种组织结构能够减少层级之间的信息传递障碍，提高决策效率和响应速度。同时，扁平化的组织结构还能够促进员工之间的沟通和合作，激发员工的创造力和归属感。此外，企业还需要建立跨部门的协作机制，打破部门之间的壁垒，实现资源的共享和互补。

（三）人才管理的创新

在知识经济时代，人才是企业最重要的资源之一。因此，人才管理的创新对于企业的长远发展至关重要。企业需要建立科学、合理的人才选拔和培养机制，选拔具有创新能力和专业知识的优秀人才，并为其提供广阔的发展空间和良好的工作环境。同时，企业还需要注重员工的职业规划和培训，帮助员工不断提升自身的能力和素质。此外，企业还需要建立激励机制，通过薪酬、晋升等方式激发员工的工作积极性和创造力。

（四）知识管理的创新

知识管理是知识经济时代企业管理的重要组成部分。知识管理的创新要求企业建立完善的知识管理体系，包括知识的获取、存储、共享和应用等各个环节。首先，企业需要建立有效的知识获取机制，通过市场调研、技术合作等方式获取有价值的知识资源。其次，企业需要建立可靠的知识存储机制，将获取的知识进行分类、整理和保存，以便于后续的应用和共享。再次，企业需要建立便捷的知识共享机制，通过内部网络、社交媒体等方式促进员工之间的知识交流和共享。最后，企业需要建立有效的知识应用机制，将知识转化为实际的生产力和竞争力。

在知识经济时代，管理创新是企业应对挑战、把握机遇的关键。通过管理理念、组织结构、人才管理和知识管理等方面的创新，企业可以建立更加高效、灵活和富有创造力的管理体系，从而推动企业的持续发展和进步。

三、可持续发展与经济管理的结合

在当今日益严峻的环境挑战和资源约束下，可持续发展与经济管理的结合成了推动经济和社会发展的重要途径。可持续发展不仅要求满足当前世代的需求，而且需要确保未来世代的生存和发展条件。这种理念与经济管理的实践相结合，为企业的长远发展提供了新的思路和方法。以下从四个方面分析可持续发展与经济管理的结合。

（一）战略定位的转变

在可持续发展的背景下，企业的战略定位需要发生根本性的转变。传统的以追求经济效益为单一目标的战略定位已经无法满足现代社会的要求。因此，企业需要树立"经济、社会、环境"三位一体的战略定位，将可持续发展的理念融入企业的各项经营活动中。这种战略定位的转变要求企业不仅要关注经济效益，还要关注社会责任和环境影响，实现经济效益、社会效益和环境效益的和谐统一。

在战略定位的转变过程中，企业需要制定可持续发展战略，明确可持续发展的目标和路径。这包括制订节能减排、资源循环利用、环境保护等方面的目标和计划，并通过技术创新、管理创新等方式实现这些目标。同时，企业还需要加强与政府、社会组织等利益相关者的合作，共同推动可持续发展的实践。

（二）资源管理的优化

可持续发展要求企业实现资源的高效利用和循环利用，减少资源的浪费和污染。因此，企业需要优化资源管理，提高资源的利用效率和利用效益。

在资源管理方面，企业可以采取多种措施。首先，企业可以加强资源的采购和库存管理，确保资源的供应稳定和成本可控。其次，企业可以引进先进的生产技术和设备，提高生产效率和产品质量，降低生产过程中的资源消耗和环境污染。此外，企业还可以加强废弃物的处理和利用，实现废弃物的减量化、资源化和无害化。

通过优化资源管理，企业可以实现资源的节约和高效利用，降低生产成本和环境污染，提高企业的竞争力和社会形象。

（三）环境管理的加强

环境管理是可持续发展与经济管理结合的重要方面。企业需要加强环境管理，确保企业的生产经营活动符合环保法规和标准，减少对环境的影响和破坏。

在环境管理方面，企业可以采取多种措施。首先，企业需要建立健全的环境管理制度和体系，明确环境管理的职责和要求。其次，企业需要加强环境监测和评估，及时发现和解决环境问题。此外，企业还可以加强环境教育和培训，提高员工的环境意识和环保能力。

通过加强环境管理，企业可以降低环境污染和生态破坏的风险，提高企业的社会形象和声誉。同时，企业还可以探索环保产业和绿色经济的发展机遇，实现经济效益和环境效益的双赢。

（四）社会责任的履行

可持续发展要求企业积极履行社会责任，关注社会发展和民生福祉。因此，企业需要将社会责任融到经济管理的实践中，实现经济效益和社会效益的和谐统一。

在履行社会责任方面，企业可以采取多种措施。首先，企业可以关注员工福利和职业发展，提高员工的工作满意度和忠诚度。其次，企业可以积极参与社会公益事业和慈善活动，为社会做出贡献。此外，企业还可以关注社区发展和环境保护等社会问题，积极参与解决这些问题。

通过履行社会责任，企业可以树立良好的社会形象和声誉，增强企业的品牌价值和竞争力。同时，企业还可以探索社会责任投资和社会影响力投资等新兴领域的发展机遇，实现经济效益和社会效益的双赢。

四、经济管理的未来发展趋势

随着科技的不断进步、全球化的深入及社会经济的持续演变，经济管理的未来发展趋势展现出多个新的方向。这些趋势不仅影响了企业的运作方式，也重塑了经济管理的核心理念和实践。以下从四个方面对经济管理的未来发展趋势进行深入分析。

（一）数字化转型的深化

数字化转型已经成为经济管理领域不可逆转的趋势。未来，随着大数据、云计算、人工智能等技术的进一步发展，数字化转型将更加深入和广泛。企业将更多地依赖数字化工具来收集、分析和利用数据，以提高决策效率和准确性。同时，数字化转型也将推动企业的业务模式、组织结构和运营方式的变革，使其更加灵活、高效和智能。

数字化转型的深化还将促进企业间的协作和竞争方式的改变。数字化平台将为企业提供更广阔的市场和更便捷的交流渠道，企业可以通过这些平台实现资源的共享、信息的交流和业务的协同。此外，数字化转型也将加剧企业间的竞争，要求企业不断提高自身的创新能力和适应能力。

（二）可持续发展的融入

随着环境问题的日益严重和资源的日益紧张，可持续发展已经成为经济管理的重要方向。未来，企业将更加注重环境保护和资源节约，将可持续发展的理念融到经济管理的各个环节中。这包括在产品设计、生产、销售等过程中考虑环境因素，减少对环境的影响；在资源利用上采取更加高效和节约的方式，提高资源的利用效率；在社会责任上积极履行企业的社会责任，为社会做出贡献。

可持续发展的融入将推动企业的转型和升级。企业将不再仅仅追求经济效益，而是综合考虑经济效益、社会效益和环境效益，从而实现可持续发展。同时，企业也将更加注重与社会的互动和合作，共同推动社会的可持续发展。

（三）全球化与区域化的并行

全球化仍然是经济管理的重要趋势之一，但未来全球化将与区域化并行发展。随着全球价值链的深化和区域合作的加强，企业将更多地关注区域市场和区域合作伙伴的选择。这不仅可以降低企业的运营成本和风险，还可以更好地满足当地市场的需求和习惯。

同时，全球化也将带来更加激烈的竞争和更加复杂的市场环境。企业需要不断提高自身的竞争力和适应能力，以应对全球化带来的挑战。此外，全球化也将促进不同文化之间的交流和融合，为企业带来更多的机遇和灵感。

（四）人才管理的创新

人才是企业最重要的资源之一，未来经济管理将更加注重人才管理的创新。随着知识经济的深入发展，人才的作用将越来越重要。企业需要建立完善的人才选拔、培养和激励机制，吸引和留住优秀人才。

同时，未来人才管理将更加注重人才的全面发展和个性化需求。企业需要关注员工的职业规划和成长路径，为员工提供广阔的发展空间和良好的工作环境。此外，企业还需要加强员工的培训和教育，提高员工的综合素质和创新能力。

总之，经济管理的未来发展趋势将呈现数字化转型的深化、可持续发展的融入、全球化与区域化的并行及人才管理的创新等多个方向。企业需要不断适应这些趋势，不断创新和进步，才能在未来的市场竞争中立于不败之地。

第二章 全球经济格局下的管理策略

第一节 全球化对经济管理的影响

一、全球化对国际经济环境的影响

全球化作为当今世界经济发展的重要趋势，对国际经济环境产生了深远的影响。以下从四个方面对全球化对国际经济环境的影响进行深入分析。

（一）经济结构的变革

全球化推动了国际经济结构的深刻变革。首先，全球化促进了产业的国际分工和协作，使得各国能够专注于自身具有比较优势的产业，形成全球产业链和供应链。这种分工和协作提高了全球资源的配置效率，推动了全球经济的发展。其次，全球化加速了新兴产业的崛起，如信息技术、生物技术、新能源等，这些新兴产业不仅为全球经济注入了新的活力，也改变了传统产业的竞争格局。此外，全球化还推动了服务业的快速发展，尤其是金融、教育、医疗等现代服务业，这些行业的发展进一步丰富了国际经济结构的内涵。

（二）贸易模式的转变

全球化对国际贸易模式产生了深远影响。首先，全球化使得国际贸易更加自由和便利，关税和非关税壁垒逐渐降低，促进了贸易的自由化和便利化。这种变化使得各国能够更加灵活地参与国际贸易，推动了全球贸易的快速增长。其次，全球化推动了贸易模式的多样化，如跨境电商、服务贸易等新型贸易模式的出现，进一步丰富了国际贸易的内涵。此外，全球化还促进了贸易投资一体化的发展，使得贸易和投资相互促进，共同推动全球经济的发展。

（三）经济政策的调整

全球化对各国经济政策产生了重要影响。首先，全球化使得各国经济相互依存度加深，一国经济政策的调整往往会对其他国家产生影响。因此，各国在制定经济政策时需要更加注重国际协调和合作，以确保政策的合理性和有效性。其次，全球化推动了经济全球治理体系的改革和完善，如世界贸易组织、国际货币基金组织等国际经济组织的作用日益凸显，这些组织通过制定国际规则和协调各国经济政策，促进了全球经济的稳定和发展。此外，全球化还推动了各国经济政策的趋同和融合，使得各国经济政策在某些方面呈现出相似的特点和发展趋势。

（四）全球经济的稳定性与风险性

全球化对全球经济的稳定性和风险性也产生了影响。一方面，全球化促进了全球经济的融合和一体化，使得各国经济相互依存度加深，形成了全球性的经济网络。这种网络在一定程度上增强了全球经济的稳定性和韧性，使得全球经济能够更好地应对各种风险和挑战。另一方面，全球化也加剧了全球经济的不确定性和风险性。随着全球贸易和投资的增加，各国经济之间的联系更加紧密，一旦某个国家发生经济波动或危机，很容易引发全球性的连锁反应。此外，全球化还加剧了国际竞争和利益冲突，使得全球经济面临着更多的不确定性和风险。

综上所述，全球化对国际经济环境产生的影响不仅体现在经济活动的规模和范围经济结构的变革、贸易模式的转变以经济政策的调整等方面，更在于对全球经济稳定性和风险性的挑战。因此，各国需要加强国际合作和协调，共同应对全球化带来的挑战和机遇，推动全球经济的可持续发展。

二、全球化对企业经营策略的影响

随着全球化的不断深入，企业面临的经营环境发生了巨大变化，这对企业的经营策略产生了深远的影响。全球化不仅带来了市场扩大、竞争加剧等直接挑战，还涉及供应链管理、人才招聘和管理、技术创新等多个方面。以下主要从四个方面详细分析全球化对企业经营策略的影响。

（一）市场扩大与多元化战略

全球化为企业提供了更广阔的市场空间，企业可以通过进入国际市场实现业务的快速增长。市场扩大意味着企业可以接触到更多的潜在客户和消费者，从而增加销售机会和收入来源。为了充分利用这一机遇，企业需要制定多元化战略，以适应不同国家和地区的市场需求和文化差异。

在多元化战略的实施过程中，企业需要关注目标市场的选择、产品定位、营销策略等方面。首先，企业需要对目标市场进行深入的市场调研，了解当地消费者的需求、偏好和购买习惯，以便制定符合当地市场的营销策略。其次，企业需要根据目标市场的特点进行产品定位，确保产品能够满足当地消费者的需求。最后，企业需要制定有效的营销策略，包括广告、促销、渠道建设等方面，以提高产品的知名度和市场占有率。

（二）竞争加剧与差异化战略

全球化加剧了企业之间的竞争，企业不仅需要与本地竞争对手竞争，还需要面对来自全球各地的竞争对手。为了在激烈的竞争中脱颖而出，企业需要制定差异化战略，以形成独特的竞争优势。

差异化战略的实施可以从多个方面入手。首先，企业可以在产品或服务上进行创新，提供与众不同的产品或服务，以满足消费者的特殊需求。其次，企业可以关注品牌建设，通过提高品牌知名度和美誉度，增强消费者对品牌的忠诚度和信任感。此外，企业还可以关注客户服务，提供优质的售前、售中和售后服务，提高客户满意度和忠诚度。

（三）供应链优化与全球资源配置

全球化使得企业可以在全球范围内寻找最佳的供应商和合作伙伴，优化供应链。企业可以通过与全球供应商建立长期稳定的合作关系，确保原材料和零部件的稳定供应，同时降低采购成本。此外，企业还可以利用全球资源，实现生产、研发、销售等环节的全球布局，提高整体运营效率。

在供应链优化的过程中，企业需要关注供应商的选择、物流管理、库存管理等方面。首先，企业需要对供应商进行严格的筛选和评估，确保供应商能够提供高质量的产品和服务。其次，企业需要加强物流管理，提高物流效率和降低物流成本。最后，企业需要建立合理的库存管理制度，确保库存水平既能满足市场需求，又能避免过高的库存成本。

（四）人才招聘与管理国际化

全球化使得企业需要吸引和管理来自不同国家和文化背景的员工。为了应对这一挑战，企业需要制定国际化的人才招聘和管理策略。

在人才招聘方面，企业需要关注全球范围内的人才市场，积极寻找具有国际化视野和跨文化沟通能力的人才。同时，企业还需要建立多元化的人才招聘渠道，包括校园招聘、社会招聘、猎头公司等，以吸引更多优秀的人才加入企业。

在人才管理方面，企业需要关注员工的跨文化培训和发展机会。企业可以通过提供跨文化培训，帮助员工了解不同国家和地区的文化和商业习惯，提高员工的跨文化沟通能力。此外，企业还需要关注员工的职业发展机会，为员工提供广阔的职业发展空间和晋升渠道，以激发员工的工作积极性和创造力。

三、全球化对经济管理模式的挑战

全球化作为当代经济发展的重要特征，对经济管理模式带来了前所未有的挑战。这些挑战不仅体现在市场结构、竞争态势、资源配置等方面，还渗入到企业的管理策略、组织架构及跨文化管理等多个层面。以下从四个方面详细分析全球化对经济管理模式的挑战。

（一）市场结构的复杂化与动态性

全球化加剧了市场结构的复杂化和动态性。随着国际市场的不断扩张和深入，企业面临的市场环境日益复杂多变。市场需求的多样性、消费者偏好的快速变化、竞争对手的日益增多，使得企业难以准确预测市场走势，制定有效的市场策略。此外，全球市场的波动性也增加了企业的经营风险，要求企业必须具备高度的市场敏感性和应变能力。

面对这一挑战，企业需要调整其市场定位和经营策略。首先，企业需要加强对市场的深入研究和分析，以更好地理解消费者需求和市场变化。其次，企业需要灵活调整其产品线和服务，以适应不同市场的需求和偏好。同时，企业还需要加强品牌建设，提高品牌知名度和美誉度，以增强其市场竞争力。

（二）竞争态势的激烈化与全球化

全球化使得企业之间的竞争态势日益激烈和全球化。在全球范围内，企业不仅要与本国竞争对手竞争，还要与来自世界各地的优秀企业竞争。这种竞争态势要求企业必须具备高度的创新能力和竞争优势，以在激烈的竞争中脱颖而出。

为了应对这一挑战，企业需要加强创新管理和技术研发。通过加大研发投入，推动技术创新和产品升级，企业可以形成独特的竞争优势。同时，企业还需要加强知识产权保护，确保自身创新成果的安全和稳定。此外，企业还需要加强与全球合作伙伴的合作与交流，共同应对全球化带来的挑战。

（三）资源配置的全球化与高效性

全球化使得企业可以在全球范围内进行资源配置和整合。然而，这种资源配置方式也带来了前所未有的挑战。企业需要面对不同国家和地区的政治、经济、法律和文化差异，以确保资源配置的高效性。此外，全球市场的波动性也使得企业难以准确预测资源配置的风险和收益。

为了应对这一挑战，企业需要加强全球资源配置的能力。首先，企业需要建立全球化的供应链体系，确保原材料和零部件的稳定供应。其次，企业需要加强跨国合作和并购，以获取更多的资源和市场份额。同时，企业还需要加强风险管理，制定有效的风险应对策略，以降低资源配置的风险和损失。

（四）跨文化管理的复杂性与敏感性

全球化使得企业面临不同国家和地区的文化差异和冲突。这种文化差异不仅体现在语言、宗教、风俗习惯等方面，还渗入到企业的管理理念、组织结构、决策方式等多个层面。这种跨文化管理的复杂性和敏感性要求企业必须具备高度的文化敏感性和跨文化沟通能力。

为了应对这一挑战，企业需要加强跨文化管理的能力。首先，企业需要加强对不同国家和地区的文化研究和了解，以更好地理解当地消费者的需求和偏好。其次，企业需要建立跨文化的管理团队和沟通机制，以确保信息的畅通和有效沟通。同时，企业还需要加强文化培训和文化融合，以提高员工的文化敏感性和跨文化沟通能力。

四、全球化背景下的管理创新

在全球化的背景下，企业面临着前所未有的挑战和机遇。为了应对这些挑战并抓住机遇，管理创新成了企业不可或缺的重要策略。以下从四个方面详细分析全球化背景下的管理创新。

（一）管理理念的创新

全球化使得企业面对的市场环境更加复杂多变，这就要求企业必须具备更加灵活和前瞻性的管理理念。首先，企业需要树立全球视野，将自身置于全球产业链和价值链中，从全球范围内寻找机遇和资源。其次，企业需要强调创新驱动，将创新作为企业持续发展的核心动力，通过不断创新来适应市场变化和满足消费者需求。此外，企业还需要注重人本管理，关注员工的成长和发展，激发员工的创造力和积极性。

在管理理念的创新上，企业需要不断学习和借鉴国际先进的管理思想和方法，如精益管理、敏捷管理、六西格玛管理等，以提高企业的管理水平和效率。同时，企业还需要注重企业文化的建设和传承，塑造具有自身特色的企业文化，为企业的长远发展提供精神支撑。

（二）管理模式的创新

全球化背景下，企业需要不断探索和创新适应全球化发展的管理模式。首先，企业需要建立灵活多变的组织结构，以适应市场变化和快速响应消费者需求。这包括扁平化、网络化、虚拟化等组织结构的创新，以提高企业的灵活性和适应性。其次，企业需要加强跨部门和跨公司的协作和整合，形成协同作战的合力，共同应对全球化带来的挑战。此外，企业还需要注重数字化转型，通过应用信息技术和数字化手段来优化管理流程和提高管理效率。

在管理模式的创新上，企业需要注重实践探索和持续改进。通过不断尝试新的管理模式和方法，总结经验和教训，形成适合自身发展的独特管理模式。同时，企业还需要关注行业趋势和未来发展方向，不断调整和优化自身的管理模式以适应变化的市场环境。

（三）管理方法的创新

全球化背景下，企业需要不断创新管理方法以提高管理效率和效果。首先，企业需要注重数据驱动的管理方法，通过收集和分析大数据来指导决策和优化流程。这包括数据挖掘、数据分析、数据可视化等技术的应用和创新。其次，企业需要注重风险管理的方法创新，通过建立完善的风险管理体系和应对机制来降低经营风险和提高企业的韧性。此外，企业还需要注重项目管理的方法创新，通过引入敏捷开发、精益创业等项目管理方法来提高项目的成功率和效率。

在管理方法的创新上，企业需要注重跨学科的融合和创新。通过将不同学科的知识和方法进行融合和创新，形成新的管理方法和工具，以提高企业的管理水平和效率。同时，企业还需要注重实践应用和创新成果的转化，将创新成果转化为实际的管理效益和竞争优势。

（四）管理人才的培养与引进

全球化背景下，企业需要具备高素质、跨文化的管理人才来支撑企业的管理创新。首先，企业需要注重内部人才的培养和选拔，通过提供培训、实践机会和晋升机会等方式来激发员工的潜力和创造力。同时，企业还需要注重外部人才的引进和招聘，通过招聘具有国际化视野和跨文化沟通能力的人才来增强企业的管理能力和竞争力。

在管理人才的培养与引进上，企业需要注重建立完善的人才培养机制和激励机制。通过制定科学的人才选拔标准、提供多样化的培训和发展机会、建立合理的薪酬和福利体系等方式来吸引和留住优秀的管理人才。同时，企业还需要注重营造积极向上的工作氛围和企业文化，为员工的成长和发展提供良好的环境和支持。

第二节 跨国公司的管理策略

一、跨国公司的组织结构设计

在全球化的经济环境下，跨国公司的组织结构设计显得尤为重要。一个合理且高效的组织结构能够帮助企业更好地适应国际市场的复杂性，实现资源的优化配置，进而提升企业的竞争力。以下从四个方面对跨国公司的组织结构设计进行详细分析。

（一）组织结构的战略导向性

跨国公司的组织结构设计必须紧密围绕其全球战略展开。战略导向性是组织结构设计的基础，它决定了企业如何在全球范围内配置资源，以及如何通过组织结构的调整来支持企业战略的实现。具体而言，跨国公司的组织结构应能够支持其全球化战略、市场进入战略、技术创新战略等，确保企业在国际市场上的竞争优势。

在组织结构设计时，跨国公司需要充分考虑其全球战略的特点和需求，如市场规模、竞争格局、文化差异等。同时，企业还需要关注未来战略的发展趋势，以便及时调整组织结构以适应变化。

（二）组织结构的灵活性与适应性

由于国际市场环境的复杂性和不确定性，跨国公司的组织结构必须具备高度的灵活性和适应性。灵活性意味着企业能够快速响应市场变化，调整经营策略；适应性则意味着企业能够适应不同国家和地区的法律法规、文化习惯等差异。

为了实现组织结构的灵活性与适应性，跨国公司可以采用扁平化、网络化等新型组织结构形式。扁平化组织结构能够减少管理层级，提高决策效率；网络化组织结构则能够加强企业内部的协作与沟通，实现资源的共享与协同。此外，跨国公司还可以采用柔性制造、敏捷开发等生产模式，以适应快速变化的市场需求。

（三）组织结构的协同性与整合性

跨国公司的组织结构需要实现各业务部门、职能部门之间的协同与整合。协同性意味着各部门之间能够相互支持、相互协作，形成合力；整合性则意味着企业能够将不同部门、不同地区的资源进行有效整合，实现资源的优化配置。

为了实现组织结构的协同性与整合性，跨国公司可以采用矩阵式、项目式等组织结构形式。矩阵式组织结构能够同时考虑产品线和地区线，加强各部门之间的沟通与协作；项目式组织结构则能够围绕特定项目或任务组建团队，实现资源的快速配置和高效利用。此外，跨国公司还可以通过建立共享服务中心、设立全球总部等方式，加强内部资源的整合与共享。

（四）组织结构的国际化与本土化

跨国公司的组织结构需要同时考虑国际化和本土化两个方面。国际化意味着企业需要在全球范围内统一标准、统一流程、统一管理；本土化则意味着企业需要充分考虑不同国家和地区的差异，实现本地化经营。

为了实现组织结构的国际化与本土化，跨国公司可以采用双元制、地区总部制等组织结构形式。双元制组织结构能够同时满足国际化和本土化的需求，一方面通过全球总部实现统一管理和控制，另一方面通过地区总部实现本地化经营和响应。地区总部制则能够充分考虑地区市场的差异性和特点，通过设立地区总部来加强对地区市场的控制和协调。此外，跨国公司还需要加强跨文化管理培训，提高员工的跨文化沟通能力和适应能力。

二、跨国公司的跨文化管理

在全球化的浪潮下，跨国公司的跨文化管理成了其成功运营的关键因素之一。跨文化管理涉及不同文化背景的员工、市场、客户及合作伙伴之间的协调与融合，其复杂性和挑战性不言而喻。以下从四个方面对跨国公司的跨文化管理进行详细分析。

（一）文化认知与尊重

在跨文化管理中，首要的是对不同文化的认知与尊重。跨国公司需要意识到，每个国家和地区都有其独特的文化背景和价值观，这些文化背景和价值观对当地员工、消费者和合作伙伴的行为和决策产生深远影响。因此，跨国公司需要深入了解并尊重这些文化差异，避免在经营过程中出现文化冲突或误解。

为了实现文化认知与尊重，跨国公司可以通过多种途径进行文化培训，包括组织员工参加跨文化交流项目、邀请文化专家举办讲座等。此外，公司还可以制定明确的跨文化沟通准则，确保在内部和外部沟通中都能够尊重并体现文化差异。

（二）文化融合与创新

在尊重文化差异的基础上，跨国公司需要寻求文化融合与创新。文化融合意味着将不同文化背景下的员工、市场、客户及合作伙伴进行有效整合，形成一个和谐共生的经营环境。而文化创新则是指在融合的基础上，创造出具有独特魅力的企业文化，以吸引和留住人才，提高客户满意度。

为了实现文化融合与创新，跨国公司需要制定灵活的组织架构和人力资源政策，以适应不同文化背景下的员工需求。同时，公司还需要加强跨文化团队建设，通过定期的团队建设活动和培训，提高团队成员之间的文化敏感性和跨文化沟通能力。此外，公司还可以通过引入新的管理理念和工具，如跨文化领导力培训、文化适应性评估等，来推动文化融合与创新。

（三）跨文化沟通与协作

跨文化沟通与协作是跨国公司跨文化管理的核心。在全球化的背景下，不同文化背景下的员工、市场、客户及合作伙伴之间的沟通与合作变得尤为重要。有效的跨文化沟通能够消除误解和隔阂，促进信息的顺畅传递和共享；而高效的跨文化协作则能够整合各方资源，实现共同目标。

为了实现跨文化沟通与协作，跨国公司需要建立完善的沟通机制和协作平台。这包括制定明确的沟通准则和流程、建立高效的沟通渠道和工具、加强跨文化沟通技能的培训等。同时，公司还需要建立跨文化协作团队，通过团队的力量来推动项目的顺利进行。此外，公司还可以通过开展跨文化交流活动、加强员工之间的文化交流和互动等方式，来促进跨文化沟通与协作的顺利进行。

（四）跨文化冲突管理

在跨文化管理中，冲突是不可避免的。不同文化背景下的员工、市场、客户及合作伙伴之间可能会因为价值观、信仰、习俗等方面的差异而产生冲突。因此，跨国公司需要制定有效的跨文化冲突管理策略，以应对潜在的冲突风险。

为了实现跨文化冲突管理，跨国公司需要建立明确的冲突解决机制和流程。这包括制定冲突解决准则、设立专门的冲突解决机构、加强冲突解决技能的培训等。同时，公司还需要建立开放和包容的文化氛围，鼓励员工提出问题和建议，促进问题的及时解决。此外，公司还可以通过加强跨文化沟通和协作来降低冲突的风险和影响力。

三、跨国公司的风险管理策略

在全球化的经济环境中，跨国公司面临着日益复杂多变的风险挑战。为了保障企业的稳定运营和持续发展，跨国公司必须制定和实施有效的风险管理策略。以下从四个方面对跨国公司的风险管理策略进行详细分析。

（一）风险识别与评估

风险识别与评估是跨国公司风险管理的基础。跨国公司需要全面识别来自外部环境和内部运营的各种潜在风险，包括但不限于市场风险、政治风险、汇率风险、法律风险等。在识别风险的基础上，跨国公司需要运用科学的方法对风险进行评估，确定风险的性质、概率和影响程度，为制定风险管理策略提供决策依据。

为了实现有效的风险识别与评估，跨国公司需要建立完善的风险管理框架和流程。这包括明确风险管理的目标、原则和策略，设立专门的风险管理部门或委员会，制定风险识别与评估的具体方法和标准。同时，跨国公司还需要加强风险管理的培训和宣传，提高全员风险管理意识和能力。

（二）风险预防与控制

风险预防与控制是跨国公司风险管理的核心。在识别和评估风险的基础上，跨国公司需要制定针对性的风险预防和控制措施，以降低风险发生的概率和影响程度。这包括制定风险管理政策和制度、加强内部控制和审计、优化业务流程和决策机制等。

在风险预防方面，跨国公司需要关注外部环境的变化和趋势，及时调整经营策略和风险管理策略。同时，公司还需要加强内部风险管理的制度建设，完善内部控制和审计机制，确保风险管理的有效执行。在风险控制方面，跨国公司需要建立完善的风险应对机制，包括制定应急预案、建立风险准备金制度等，以应对可能发生的风险事件。

（三）风险监测与报告

风险监测与报告是跨国公司风险管理的重要环节。跨国公司需要建立有效的风险监测机制，对各类风险进行持续跟踪和监控，及时发现和应对潜在风险。同时，公司还需要建立风险报告制度，定期向管理层和董事会报告风险管理情况，为决策提供依据。

为了实现有效的风险监测与报告，跨国公司需要建立完善的风险管理信息系统，实现风险数据的集中管理和分析。这包括建立风险数据库、开发风险监测工具、制订风险报告模板等。同时，公司还需要加强风险管理的信息化建设，提高风险管理的效率和准确性。

（四）风险应对与危机管理

风险应对与危机管理是跨国公司风险管理的关键所在。在风险事件发生时，跨国公司需要迅速响应和应对，以减少损失并恢复正常运营。这包括制定应急预案、组织应急团队、启动应急机制等。同时，公司还需要加强危机管理的能力建设，提高应对危机的能力和水平。

为了实现有效的风险应对与危机管理，跨国公司需要建立危机管理团队和应急预案体系。危机管理团队需要具备丰富的经验和专业知识，能够迅速应对各种风险事件。应急预案体系需要覆盖各类风险事件，包括自然灾害、政治动荡、市场崩溃等，确保在风险事件发生时能够迅速启动应急预案并采取相应的应对措施。同时，公司还需要加强危机管理的培训和演练，提高员工的危机意识和应对能力。

四、跨国公司的技术创新与研发

在竞争激烈的全球化市场中，跨国公司的技术创新与研发能力是其核心竞争力的重要组成部分。技术创新与研发不仅能够帮助跨国公司开发出具有竞争力的新产品和服务，还能够提升企业的运营效率和市场地位。以下从四个方面对跨国公司的技术创新与研发进行详细分析。

（一）研发战略与规划

跨国公司的技术创新与研发始于明确的研发战略与规划。研发战略应与公司的整体战略相协调，明确研发的目标、方向和重点。同时，研发规划需要详细规划研发项目的时间表、预算和人员配置，确保研发项目的顺利进行。

在研发战略与规划方面，跨国公司需要密切关注市场和技术趋势，了解竞争对手的研发动态，以及时调整自身的研发战略。此外，公司还需要加强与高校、研究机构等外部创新资源的合作，共同推动技术研发的进展。

（二）研发投入与资源配置

技术创新与研发需要大量的投入和资源支持。跨国公司需要确保足够的研发投入，并合理配置研发资源，以提高研发效率和创新质量。

在研发投入方面，跨国公司需要根据研发项目的需求，合理安排研发预算，确保研发资金的充足。同时，公司还需要关注研发资金的来源和分配，确保研发资金的有效利用。在资源配置方面，跨国公司需要合理配置研发人才、设备和场地等资源，以支持研发项目的顺利进行。

（三）研发团队建设与培养

研发团队是跨国公司技术创新与研发的核心力量。跨国公司需要建设一支高素质、专业化的研发团队，并注重团队成员的培养和激励。

在团队建设方面，跨国公司需要选拔具有丰富经验和专业知识的研发人才，组建高效、协作的研发团队。同时，公司还需要加强团队内部的沟通和协作，提高团队的凝聚力和战斗力。在培养方面，跨国公司需要为研发团队提供系统的培训和学习机会，帮助团队成员提升专业技能和创新能力。此外，公司还需要建立科学的激励机制，激发团队成员的积极性和创造力。

（四）技术创新与知识产权保护

技术创新与研发需要得到知识产权的保护。跨国公司需要注重知识产权的申请、保护和管理，以确保技术创新成果的安全和合法使用。

在知识产权申请方面，跨国公司需要积极申请专利、商标等知识产权，保护自身的创新成果。在知识产权保护方面，公司需要建立健全的知识产权保护体系，加强知识产权的维权和打击侵权行为。在知识产权管理方面，跨国公司需要建立完善的知识产权管理制度和流程，确保知识产权的有效管理和利用。

此外，跨国公司还需要加强与其他企业和组织的合作与交流，共同推动技术创新与研发的发展。通过合作与交流，跨国公司可以获取更多的创新资源和信息，提高自身的创新能力和竞争力。同时，合作与交流还可以促进不同文化之间的融合与碰撞，激发更多的创新灵感和思路。

第三节　区域经济一体化与经济管理

一、区域经济一体化的概念与特点

（一）区域经济一体化的概念

区域经济一体化，作为国际经济关系中的一个重要趋势，是指同一地区的两个或两个以上的国家，在平等互利的基础上，通过签订协议或条约，逐步让渡部分甚至全部经济主权，采取共同的经济政策，以实现经济上的联合与融合，进而形成一个排他性的经济集团的过程。这一过程的实质在于国家间经济联系的加深和融合，以及经济政策的协调和统一。

区域经济一体化是一个逐步深化的过程，其组织形式根据一体化程度的高低，可以划分为不同的阶段，包括优惠贸易安排、自由贸易区、关税同盟、共同市场、经济联盟和完全的经济一体化等。其中，欧洲联盟作为一体化程度最高的区域经济集团，为其他区域提供了宝贵的经验和启示。

（二）区域经济一体化的特点

1.地理相邻性：区域经济一体化的成员国通常地理位置相邻或基本相邻。这种地理位置的相邻性有助于降低交易成本，促进商品和服务的自由流通，从而增强区域经济一体化的凝聚力和影响力。

2.经济互补性：成员国之间的经济发展水平、市场运行机制和经济管理体制往往存在一定的差异和互补性。这种互补性使得成员国之间能够形成更加紧密的经济联系，实现资源共享和优势互补，推动区域经济的共同发展。

3.政策协调性：区域经济一体化要求成员国之间在经济政策上进行协调和统一。这包括关税、贸易、投资、货币金融等方面的政策协调。通过政策协调，可以消除成员国之间的贸易壁垒，促进商品和服务的自由流通，同时也有助于维护区域经济的稳定和可持续发展。

4.开放性与排他性并存：区域经济一体化组织在对外经济关系上既具有开放性，又具有一定的排他性。一方面，区域经济一体化组织通过加强与其他国家和地区的经济合作与交流，实现资源共享和市场拓展；另一方面，区域经济一体化组织也通过制定共同的贸易和投资规则，形成排他性的经济集团，以维护成员国的经济利益和地区经济的安全稳定。

区域经济一体化对于推动地区经济发展、促进国际合作与交流、提高国际竞争力等方面都具有重要意义。首先，区域经济一体化有助于实现资源的优化配置和有效利用，推动地区经济的共同发展和繁荣；其次，区域经济一体化有助于加强成员国之间的经济合作与交流，增进相互了解和信任，促进地区和平与稳定；最后，区域经济一体化有助于提高成员国的国际竞争力，增强其在全球经济中的话语权和影响力。在推动区域经济一体化的过程中，也面临着一些挑战和机遇。挑战主要包括成员国之间的经济差异和利益冲突、政策协调和统一难度加大、地区政治和安全形势的不稳定等。然而，这些挑战也孕育着机遇。通过加强区域经济一体化建设，可以推动成员国之间的经济合作与交流、促进地区经济的共同发展、提高国际竞争力等。同时，区域经济一体化也有助于推动全球经济的平衡发展和互利共赢。

二、区域经济一体化对经济管理的影响

（一）经济规模的扩大与效益提升

区域经济一体化通过打破地域壁垒，促进资源的自由流动和有效配置，显著扩大了市场规模。这种市场规模的扩大不仅为企业提供了更多的发展机遇，也为企业间的竞争与合作提供了更广阔的平台。在一体化区域内，企业可以更加便捷地获取原材料、技术、资金等生产要素，降低生产成本，提高生产效率。同时，市场规模的扩大也意味着消费者需求的增加，企业可以通过规模经济效应降低生产成本，提高经济效益。

此外，区域经济一体化还有助于优化资源配置，提高资源利用效率。通过区域内的分工协作和优势互补，企业可以更加专注于自身的核心业务，提高专业化水平。同时，区域内的资源流动也有助于实现资源的优化配置，提高整个区域的经济效率。

（二）产业结构优化与升级

区域经济一体化对产业结构的影响主要体现在两个方面：一是推动产业结构优化升级，二是促进产业协同发展。在一体化区域内，不同国家和地区之间的经济发展水平、产业结构和技术水平存在差异，这种差异为产业结构的优化升级提供了可能。通过跨区域合作和资源整合，企业可以获取更先进的技术、管理经验和市场信息，推动产业的升级和转型。同时，区域经济一体化也有助于形成产业链上下游的紧密合作，促进产业协同发展。

此外，区域经济一体化还有助于推动新兴产业的发展。随着科技的不断进步和市场需求的变化，新兴产业成为推动经济发展的重要力量。在一体化区域内，企业可以更加便捷地获取新技术、新产品和新市场信息，推动新兴产业的发展壮大。同时，政府也可以通过制定相关政策，鼓励和支持新兴产业的发展，为区域经济的持续发展注入新的动力。

（三）政策协调与统一

区域经济一体化要求成员国之间在经济政策上进行协调和统一。这种政策协调和统一有助于消除贸易壁垒和投资障碍，促进商品和服务的自由流通。

同时，政策协调和统一也有助于维护区域经济的稳定和可持续发展。在一体化区域内，政府可以通过协商和谈判，制定共同的经济政策和规则，规范市场行为，维护公平竞争。这种政策协调和统一不仅有助于降低企业的经营成本和风险，也有助于提高整个区域的经济效率和竞争力。

然而，政策协调和统一也面临一些挑战。不同国家和地区之间的经济发展水平、文化背景和利益诉求存在差异，这种差异可能导致政策协调和统一的难度加大。因此，在推动区域经济一体化的过程中，需要加强成员国之间的沟通和协商，寻求共同利益和平衡点，推动政策的协调和统一。

（四）经济风险管理与应对

区域经济一体化也带来了新的经济风险和挑战。在一体化区域内，企业面临着更加复杂多变的市场环境和竞争压力，需要更加注重风险管理和应对。同时，区域经济一体化也可能导致某些产业或地区面临过度竞争或市场垄断的风险，需要政府加强监管和调控。

为了应对这些风险和挑战，企业需要加强风险管理能力，建立健全的风险管理制度和内部控制体系。同时，政府也需要加大监管和调控力度，维护市场秩序和公平竞争。此外，还需要加强成员国之间的合作与协调，共同应对经济风险和挑战，确保区域经济的稳定和可持续发展。

三、区域经济管理模式的创新

（一）理念创新：以可持续发展为核心

在区域经济管理模式的创新中，理念创新是先导。传统的经济管理模式往往以经济增长为主要目标，忽视了资源、环境和社会因素的协调发展。因此，在创新区域经济管理模式时，首先需要转变发展理念，以可持续发展为核心。这要求区域经济管理不仅要追求经济增长，还要注重环境保护、资源节约和社会公平，实现经济、社会、环境的协调发展。具体来说，理念创新体现在以下几个方面：一是树立绿色发展理念，推动产业结构向绿色、低碳、循环方向发展；二是强化创新驱动发展战略，通过科技创新、管理创新等方式提升区域经济的核心竞争力；三是注重社会公平与包容性发展，确保经济增长的成果惠及全体人民。

（二）机制创新：优化政策体系与协调机制

机制创新是区域经济管理模式创新的重要保障。在区域经济管理中，需要建立健全的政策体系和协调机制，以更好地发挥政策引导和调控作用。具体来说，机制创新包括以下几个方面：一是优化政策体系，根据区域经济发展的实际情况，制定符合区域特色的经济政策，包括产业政策、财政政策、税收政策等，为区域经济发展提供有力支持。二是加强区域协调机制建设，建立健全的区域合作机制、利益分享机制、争议解决机制等，促进区域间的协调发展。三是完善市场机制，发挥市场在资源配置中的决定性作用，推动资源要素的自由流动和优化配置。

（三）方法创新：引入现代科技与管理手段

随着科技的不断发展，现代科技与管理手段在区域经济管理中的应用越来越广泛。在创新区域经济管理模式时，需要引入现代科技与管理手段，提高管理效率和水平。具体来说，方法创新包括以下几个方面：一是利用大数据、云计算等现代信息技术手段，对区域经济数据进行收集、整理和分析，为政策制定和决策制定提供科学依据。二是推广数字化、网络化等现代管理方式，提高政府部门的管理效率和服务水平。三是加强区域经济管理人才培养，提高管理队伍的专业素质和创新能力。

（四）制度创新：完善法律法规与监管体系

制度创新是区域经济管理模式创新的重要支撑。在区域经济管理中，需要建立健全的法律法规和监管体系，为经济发展提供有力的法律保障和制度支持。具体来说，制度创新包括以下几个方面：一是完善法律法规体系，制定符合区域经济发展特点的法律法规和政策文件，为区域经济发展提供明确的法律规范和制度保障。二是加强监管体系建设，建立健全的监管机构和监管机制，对区域经济发展进行全方位、多角度的监管和评估。三是推动制度创新试点示范工作，通过试点示范等方式探索新的管理模式和制度框架，为区域经济发展提供新的动力和支持。

四、区域经济合作中的经济管理与协调

（一）经济管理策略与目标的统一

在区域经济合作中，经济管理的策略与目标统一是首要任务。这要求参与合作的各地区必须明确共同的发展愿景和合作目标，确保经济政策的制定和实施能够朝着同一方向努力。为了实现这一目标，各地区需要充分沟通，了解彼此的发展需求和优势，共同制定符合区域整体利益的经济管理策略。

统一的经济管理策略能够有效避免地区间的恶性竞争和资源浪费，提高资源配置效率。同时，它还能够促进地区间的产业互补和协同发展，形成区域经济的整体优势。在合作过程中，各地区应当以整体利益为重，摒弃地方保护主义，共同推动区域经济合作的深入发展。

（二）经济政策的协调与衔接

经济政策的协调与衔接是区域经济合作中的关键环节。由于各地区之间的经济发展水平、产业结构、资源禀赋等存在差异，因此经济政策的制定和实施必须充分考虑这些差异，确保政策之间的协调性和衔接性。

为了实现经济政策的协调与衔接，各地区需要建立健全的政策沟通机制，加强政策制定和实施过程中的信息共享和相互协调。在制定经济政策时，各地区应当充分考虑合作区域的整体利益，避免政策冲突和重复建设。同时，各地区还应当加强政策效果的评估和反馈，及时调整和完善政策，确保政策目标的实现。

（三）经济资源的共享与优化配置

经济资源的共享与优化配置是区域经济合作中的重要内容。在合作过程中，各地区应当充分发挥各自的优势，实现资源的互补和共享。这包括人才、技术、资金、信息等各个方面。

为了实现经济资源的共享与优化配置，各地区需要建立健全的资源交流机制，加强人才、技术、资金等资源的流动和共享。同时，各地区还应当加强基础设施建设，提高区域内部的交通、通信等互联互通水平，为资源的流动和共享提供便利条件。此外，各地区还应当加强产业协同和科技创新合作，推动产业链的深度融合和技术的创新发展，提高整个区域的经济竞争力。

（四）经济风险的共同防范与应对

在区域经济合作中，经济风险的共同防范与应对是保障合作稳定持续发展的重要保障。由于各地区之间的经济联系日益紧密，因此一个地区的经济风险很容易影响到其他地区的经济发展。

为了实现经济风险的共同防范与应对，各地区需要建立健全的风险预警和应对机制，加强风险信息的共享和风险评估的联合开展。同时，各地区还应当加强政策协调和合作，共同应对外部经济冲击和内部经济波动的挑战。此外，各地区还应当加强金融监管和风险防范合作，共同维护金融市场的稳定和健康发展。

总之，在区域经济合作中，经济管理与协调是确保合作稳定持续发展的关键。各地区需要充分沟通、加强协调、实现资源共享和优化配置、共同防范和应对经济风险，推动区域经济合作的深入发展。

第四节 国际贸易规则与经济管理

一、国际贸易规则的发展历程

（一）古代贸易规则的萌芽与初步发展

国际贸易规则的历史可追溯至古代，那时人类社会开始有了初步的交换和贸易活动。在这一早期阶段，贸易规则主要表现为简单的商品交换和口头协议。由于贸易的规模和复杂性相对较低，缺乏统一、成文的贸易规则体系。贸易活动往往依赖于双方的互信、习俗和惯例，违约行为则主要通过私人报复或部落、国家的军事力量来解决。古代贸易规则的萌芽与初步发展，为后来更为复杂和系统的国际贸易规则体系奠定了基础。

在地理、文化和技术的限制下，古代贸易规则的应用范围和影响力相对有限。然而，正是这些初步的规则和惯例，为后来国际贸易规则的形成和发展提供了宝贵的经验和启示。

（二）中世纪贸易规则的发展与规范

进入中世纪，随着城市的兴起和商业的繁荣，贸易活动逐渐走向规模化、专业化。商会、行会等组织的出现，为贸易活动的规范和发展提供了重要的支持。在这一时期，贸易规则开始涉及货币、度量衡、质量标准等方面，以确保商业活动的公平性和规范性。

然而，中世纪的贸易规则仍然缺乏统一的法律和执行机构，其实际效力有限。尽管如此，这些规则仍然为国际贸易规则的发展奠定了重要的基础。它们为后来的国际贸易规则提供了有益的参考和借鉴，促进了国际贸易的规范化和有序化。

（三）近代国际贸易规则的建立与完善

随着资本主义的兴起和全球贸易的扩大，国际贸易规则逐渐走向成熟和完善。19 世纪以来，国际社会开始制定一系列国际贸易规则，如国际海商法、补贴和反倾销措施等。这些规则为国际贸易提供了一定的基础和保障，促进了全球贸易的增长和发展。

在这一过程中，GATT（关贸总协定）的成立是国际贸易规则发展的重要里程碑。GATT 于 1947 年成立，旨在推动国际贸易的自由化和开放化。通过关税和非关税壁垒的降低，GATT 成功推动了全球贸易的增长和发展。GATT 的成立标志着国际贸易规则体系开始走向成熟和完善，为后来的国际贸易规则发展奠定了坚实的基础。

（四）现代国际贸易规则的变革与发展

进入 21 世纪，随着全球化的深入发展和国际贸易的日益复杂化，国际贸易规则面临着新的挑战和变革。在这一背景下，WTO（世界贸易组织）作为国际贸易规则的最高机构，继续发挥着重要的作用。WTO 在 GATT 的基础上进一步加强了贸易自由化和开放化的倡议，通过维护贸易规则的稳定性和预测性，为各国间的贸易提供了更加均衡和可持续的环境。

同时，随着国际贸易格局的不断变化，国际贸易规则也在不断适应新的形势和挑战。国际贸易规则在知识产权、环境保护、电子商务等新兴领域也在逐渐完善和发展，以更好地应对新的挑战。这些变革和发展为国际贸易的规范化和有序化提供了重要的保障和支持。

总之，国际贸易规则的发展历程是一个从简单到复杂、从零散到系统的过程。在这个过程中，国际社会不断探索和创新，形成了较为完善的国际贸易规则体系。这些规则为全球贸易的繁荣和发展提供了有力的保障和支持。

二、国际贸易规则对经济管理的影响

（一）推动与规范经济全球化

国际贸易规则在推动经济全球化的进程中起到了至关重要的作用。随着国际贸易的不断发展，各国之间的经济联系日益紧密，形成了一个相互依存、互利共赢的全球经济体系。国际贸易规则为这一体系提供了基本的框架和规范，确保了各国在贸易活动中的公平性和透明度。

首先，国际贸易规则通过降低关税和非关税壁垒，促进了商品和服务的自由流通。这使得各国能够更加充分地利用自身的资源禀赋和比较优势，实现资源的优化配置和互利共赢。同时，贸易自由化也推动了全球市场的扩大和竞争的加剧，促进了企业的创新和发展。

其次，国际贸易规则为各国提供了统一的贸易规则和标准，减少了贸易争端和摩擦。通过明确贸易活动的规则和程序，国际贸易规则为各国之间的贸易活动提供了清晰的指导，避免了因规则不明或解释不一致引发的贸易争端。这不仅有助于维护国际贸易秩序的稳定，也为各国之间的经济合作和发展提供了更加有力的保障。

（二）经济管理模式的转变与升级

国际贸易规则对经济管理模式的转变和升级产生了深远的影响。在国际贸易规则的推动下，各国需要不断适应全球贸易的发展趋势和要求，转变传统的经济管理模式，以适应更加开放、自由、平等的全球贸易环境。

首先，国际贸易规则要求各国加强宏观调控和监管能力，确保经济的稳定和可持续发展。在全球化背景下，各国经济之间的联系日益紧密，任何一个国家的经济波动都可能对全球经济产生重大影响。因此，各国需要加强宏观调控和监管能力，确保经济的稳定和可持续发展，为国际贸易的发展提供有力的支持。

其次，国际贸易规则推动了经济管理模式的创新和升级。在国际贸易规则的推动下，各国需要不断创新经济管理方式和方法，提高经济管理的效率和水平。例如，各国需要加强技术创新和人才培养，推动产业升级和转型；同时，各国还需要加强国际合作和交流，共同应对全球经济的挑战和危机。

（三）企业竞争力的提升与重塑

国际贸易规则对企业竞争力的提升和重塑产生了重要影响。在国际贸易规则的推动下，企业需要不断适应全球贸易的发展趋势和要求，提高自身的竞争力和适应能力。

首先，国际贸易规则要求企业加强技术创新和品牌建设。在全球贸易中，技术创新和品牌建设是企业提高竞争力的重要手段。通过技术创新和品牌建设，企业可以提高产品的质量和附加值，增强产品的竞争力和市场影响力。

其次，国际贸易规则要求企业加强市场开发和营销能力。在全球贸易中，企业需要不断拓展市场、开发新产品、提高服务质量等，以满足不同国家和地区的消费者需求。同时，企业还需要加强市场营销和品牌建设，提高品牌知名度和美誉度，增强企业的市场影响力和竞争力。

（四）全球治理体系的完善与发展

国际贸易规则对全球治理体系的完善和发展产生了积极影响。在全球化的背景下，各国之间的经济联系日益紧密，全球治理体系也面临着新的挑战和机遇。国际贸易规则作为全球经济治理的重要组成部分，为全球治理体系的完善和发展提供了重要的支持和保障。

首先，国际贸易规则推动了全球治理体系的多元化和民主化。国际贸易规则强调各国之间的平等和互利共赢，反对任何形式的贸易歧视和限制。这有助于推动全球治理体系的多元化和民主化，促进各国之间的平等合作和共同发展。

其次，国际贸易规则推动了全球治理体系的规范化和法治化。国际贸易规则为各国之间的贸易活动提供了明确的规则和程序，减少了贸易争端和摩擦。这有助于推动全球治理体系的规范化和法治化，提高全球治理的效率和水平。同时，国际贸易规则还促进了各国之间的合作和交流，为全球治理体系的完善和发展提供了更加有力的支持。

三、企业如何适应国际贸易规则

（一）深入理解国际贸易规则

企业要适应国际贸易规则，首先要对国际贸易规则有深入的理解。这包括了解国际贸易的基本原则、WTO 等国际贸易组织的规则体系、贸易协定和协议的具体内容等。企业应当组织专门的团队或委托专业机构，对国际贸易规则进行系统的学习和研究，确保企业能够准确理解规则的精神实质和具体要求。

在深入理解国际贸易规则的基础上，企业还需要关注国际贸易规则的发展动态。随着全球化的深入发展和国际经济环境的变化，国际贸易规则也在不断地调整和完善。企业需要密切关注国际贸易规则的变化趋势，及时了解新的规则要求，以便能够迅速调整自身的经营策略和业务模式。

（二）优化企业组织结构和管理模式

为了适应国际贸易规则，企业需要优化自身的组织结构和管理模式。这包括调整企业的业务结构、优化资源配置、提高管理效率等方面。

在业务结构方面，企业需要根据国际贸易规则的要求，调整自身的产品结构和市场布局。例如，针对某些国家或地区的贸易壁垒，企业可以调整出口产品的种类和数量，或者开发新的市场领域。在资源配置方面，企业需要优化采购、生产、销售等各个环节的资源配置，提高资源利用效率。在管理效率方面，企业需要加强内部管理，提高决策效率和执行力，确保企业能够迅速适应市场变化和规则调整。

（三）加强人才培养和团队建设

人才是企业适应国际贸易规则的关键因素。企业需要加强人才培养和团队建设，提高员工的国际贸易素养和业务能力。

首先，企业需要加强员工的国际贸易知识培训。通过组织培训、研讨会等活动，让员工了解国际贸易规则的具体要求和操作实践，提高员工的国际贸易素养。

其次，企业需要加强团队建设，提高团队的协作能力和创新能力。国际贸易环境复杂多变，企业需要有一支具备高度协作能力和创新能力的团队来应对各种挑战。企业可以通过加强内部沟通、建立激励机制等方式来提高团队的协作能力和创新能力。

（四）加强风险管理和合规经营

国际贸易环境充满了不确定性和风险。为了适应国际贸易规则，企业需要加强风险管理和合规经营。

在风险管理方面，企业需要建立完善的风险管理机制，对贸易过程中的各种风险进行识别、评估和控制。企业可以通过建立风险预警系统、制订应急预案等方式来降低风险损失。

在合规经营方面，企业需要严格遵守国际贸易规则和相关法律法规，确保企业的经营活动符合规则要求。企业可以通过加强内部监管、建立合规审查机制等方式来确保合规经营。同时，企业还需要加强与政府、行业协会等机构的沟通和合作，共同推动国际贸易规则的发展和完善。

四、国际贸易规则下的经济管理策略

（一）制定符合国际贸易规则的经济发展战略

在国际贸易规则下，企业乃至整个国家都需要制定符合国际贸易规则的经济发展战略。这一战略应当综合考虑国际贸易规则的要求、国内资源禀赋、市场需求和竞争态势等因素，明确经济发展的方向和目标。

首先，经济发展战略应当遵循国际贸易规则中的非歧视原则、透明度原则等基本原则，确保经济发展的公平性和可持续性。同时，战略需要充分考虑国际贸易中的关税、非关税壁垒等因素，通过合理的政策安排和资源配置，提高本国产品或服务的国际竞争力。

其次，经济发展战略应当紧密结合国内实际，充分利用本国资源禀赋和比较优势，推动产业结构的优化升级和经济的转型升级。通过技术创新、品牌建设等方式，提高产品或服务的附加值和竞争力，以更好地适应国际贸易规则的要求。

（二）加强国际贸易合作与共赢

国际贸易规则鼓励各国之间的合作与共赢。在经济管理策略中，加强国际贸易合作与共赢是一个重要的方面。

首先，企业应当积极参与国际贸易活动，拓展国际市场，加强与主要贸易伙伴的经贸合作。通过签订贸易协定、建立自由贸易区等方式，降低关税和非关税壁垒，促进商品和服务的自由流通。同时，企业还可以借助国际贸易合作平台，加强与其他国家的交流与合作，共同应对全球性挑战。

其次，国家层面应当加强与其他国家的经贸合作与对话，推动建立更加公正、合理的国际贸易体系。通过加强国际贸易规则的研究和制定，推动国际贸易规则的完善和发展，为各国之间的合作与共赢提供更有力的保障。

（三）优化资源配置和提高经济效率

在国际贸易规则下，优化资源配置和提高经济效率是经济管理策略的重要一环。

首先，企业应当加强内部管理，提高资源利用效率。通过优化生产流程、提高生产效率等方式，降低生产成本，提高产品或服务的竞争力。同时，企业还可以借助国际贸易平台，引进国外先进技术和管理经验，推动自身管理水平的提升。

其次，国家层面应当加强宏观调控和监管能力，优化资源配置。通过制定合理的产业政策、财政政策等政策措施，引导资源向具有比较优势和发展潜力的产业和地区流动。同时，国家还应当加大市场监管和反垄断执法力度，维护公平竞争的市场环境。

（四）加强风险管理和合规经营

在国际贸易规则下，风险管理和合规经营是经济管理策略不可或缺的一部分。

首先，企业应当建立完善的风险管理机制，对国际贸易中的政治风险、经济风险、汇率风险等进行全面评估和监控。通过制订应急预案、建立风险预警系统等方式，降低风险损失并保障企业运营的稳定性。

其次，企业应当加强合规经营意识，确保自身的经营活动符合国际贸易规则和相关法律法规的要求。企业应当建立完善的合规审查机制，对贸易合同、贸易流程等进行全面审查和监控，避免违规行为和法律纠纷的发生。同时，企业还应当加强与国际组织、行业协会等机构的沟通和合作，共同推动国际贸易规则的完善和发展。

第五节　全球经济风险与应对机制

一、全球经济风险的主要类型

（一）地缘政治风险

地缘政治风险是全球经济风险中的重要类型之一，它主要源于国家间的政治紧张、军事冲突、外交摩擦等因素。地缘政治风险不仅可能导致贸易通道受阻、资源供应中断，还可能对全球投资者的信心产生负面影响，从而引发全球经济的波动。

地缘政治风险的复杂性在于其涉及因素广泛，不仅包括传统意义上的领土争端、军事冲突，还包括网络安全、恐怖主义等非传统安全威胁。随着全球化的深入发展，国家间的相互依存度不断提高，地缘政治风险对全球经济的影响也日益增强。

为了应对地缘政治风险，各国需要加强国际合作，通过外交手段化解分歧，避免冲突升级。同时，各国也需要加强自身的国防建设和网络安全建设，提高应对非传统安全威胁的能力。

（二）金融市场风险

金融市场风险是全球经济风险的另一个重要类型，它主要源于金融市场的波动和不确定性。金融市场风险包括股市风险、汇率风险、利率风险等，这些风险可能由多种因素引发，如经济数据的波动、政策变化、投资者情绪等。

金融市场风险的破坏性在于其传播速度快、影响范围广。一旦金融市场出现大幅波动，就可能引发投资者的恐慌情绪，导致资本外流、资产价格暴跌等连锁反应。这种风险不仅可能对金融机构造成巨大损失，还可能对整个经济体系产生冲击。

为了应对金融市场风险，各国需要加强对金融的监管，建立健全的金融市场风险管理体系。同时，各国还需要加强国际合作，共同维护全球金融市场的稳定。此外，投资者也需要提高自身的风险意识，合理配置资产，降低投资风险。

（三）经济失衡风险

经济失衡风险是全球经济风险的另一个重要类型，它主要源于全球经济体系中的不平衡现象。这些不平衡现象包括南北发展差距、贫富差距、产业结构失衡等。这些不平衡现象不仅可能导致社会不稳定和冲突，还可能对全球经济产生负面影响。

经济失衡风险的根源在于全球经济体系中的不平衡发展。在全球化进程中，一些国家和地区获得了更多的发展机会和资源，而一些国家和地区则面临更加严峻的挑战。这种不平衡发展不仅加剧了社会矛盾和冲突，还削弱了全球经济的增长动力。

为了应对经济失衡风险，各国需要加强国际合作，共同推动全球经济的平衡发展。这包括加强南北合作、推动减贫和发展、优化产业结构等。同时，各国还需要加强自身的内部改革和创新，提高经济发展的质量和效益。

（四）环境风险

环境风险是全球经济风险的又一个重要类型，它主要源于环境变化和自然灾害等因素。随着全球气候变暖、环境污染等问题的加剧，环境风险对全球经济的影响也日益突出。

环境风险的破坏性在于其可能引发自然灾害、生态失衡等问题，对经济活动和社会稳定造成冲击。例如，气候变化可能引发极端天气事件、海平面上升等问题，对农业、渔业、交通等产业产生负面影响。同时，环境污染也可能导致生态系统崩溃、资源枯竭等问题，对经济发展和社会稳定造成威胁。

为了应对环境风险，各国需要加强环境保护和治理，推动绿色发展。这包括加强环境监管、推动清洁能源发展、促进循环经济等。同时，各国还需要加强国际合作，共同应对全球环境挑战。通过共同努力，我们可以降低环境风险对全球经济的负面影响，推动经济的可持续发展。

二、全球经济风险的识别与评估

（一）风险识别的方法与框架

全球经济风险的识别是评估和管理风险的首要步骤。风险识别的方法与框架需要系统、全面且具备前瞻性。首先，风险识别应基于全面的信息收集，包括宏观经济数据、政策动向、国际政治关系、金融市场动态等。这些信息需要通过专业的分析工具和模型进行处理，以提取出可能引发全球经济风险的关键因素。

在风险识别的过程中，可以采用多种方法，如专家咨询、情景分析、历史数据对比等。专家咨询可以借助行业专家的经验和知识，对潜在风险进行识别和评估；情景分析则是通过构建不同的未来情景，来预测可能出现的风险；历史数据对比则是通过对比历史数据和当前数据，找出异常点和趋势，进而识别出潜在风险。

此外，风险识别还需要建立一个清晰的框架，将风险按照不同的维度进行分类，如按照风险来源、影响范围、持续时间等进行分类。这有助于更加系统、全面地识别和评估风险。

（二）风险评估的指标体系

风险评估需要建立科学的指标体系，以量化风险的大小和可能性。指标体系应涵盖多个方面，包括经济、政治、社会、环境等。每个方面又可以进一步细分为更具体的指标，如经济增长率、失业率、政治稳定性、社会信任度、环境污染程度等。

在构建指标体系时，需要考虑指标的代表性和可操作性。代表性是指指标能够准确反映风险的特征和程度；可操作性则是指指标的数据易于获取和计算。同时，还需要注意指标之间的相关性和独立性，避免重复计算和遗漏重要信息。

通过构建科学的指标体系，可以对全球经济风险进行量化评估，为制定风险管理策略提供科学依据。

（三）风险评估的流程与步骤

风险评估需要遵循一定的流程和步骤，以确保评估结果的准确性和可靠性。首先，需要明确评估的目标和范围，确定需要评估的风险类型和领域。然后，收集相关信息和数据，对风险进行初步识别。

接下来，对识别出的风险进行定量和定性分析，评估风险的大小和可能性。这包括运用统计学、概率论等数学工具对风险进行量化分析，以及运用专家判断、情景分析等方法对风险进行定性分析。

在评估过程中，还需要注意风险之间的关联性和相互影响。例如，经济风险可能会引发社会风险和政治风险；环境风险可能会对经济风险和政治风险产生影响。因此，在评估时需要综合考虑各种风险之间的相互作用。

最后，根据评估结果制定风险管理策略和建议。这包括确定风险管理的优先级、制定风险应对措施、建立风险监控和预警机制等。

（四）风险评估的挑战与应对

全球经济风险评估面临着诸多挑战，如信息获取困难、数据质量参差不齐、风险评估方法不完善等。为了应对这些挑战，需要采取一系列措施。

首先，需要加强信息共享和数据质量控制。通过加强国际合作和信息共享，可以提高风险评估所需数据的可获得性和准确性；同时，加强数据质量控制可以确保评估结果的可靠性。

其次，需要不断完善风险评估方法和技术。随着全球经济的不断发展和变化，新的风险类型和领域不断涌现，需要不断更新和完善风险评估方法和技术以适应新的形势。

最后，需要加强风险管理教育和培训。提高企业和政府的风险管理意识和能力对于有效应对全球经济风险至关重要。因此，需要加强风险管理教育和培训，提高相关人员的专业素养和应对能力。

三、企业应对全球经济风险的策略

（一）风险预警与监测机制的建立

在全球经济环境中，企业首先需要构建一套完善的风险预警与监测机制。

这一机制应能够实时收集和分析全球经济动态、政策变化、市场波动等信息，以及时识别出潜在的经济风险。

在建立风险预警与监测机制时，企业应关注以下几个方面：一是数据来源的多样性和准确性，确保所收集的信息能够全面反映全球经济风险；二是分析方法的科学性和前瞻性，运用先进的数据分析技术和模型，预测潜在风险的发生概率和影响程度；三是风险识别与分类的精细化，根据风险来源、影响范围等因素对风险进行细分，以制定更为精准的风险应对策略。

此外，企业还应定期对风险预警与监测机制进行评估和更新，确保其能够适应全球经济环境的变化，持续有效地为企业的风险管理提供支持。

（二）多元化市场布局与供应链优化

面对全球经济风险，企业应采取多元化市场布局的策略，以降低对单一市场的依赖程度。通过拓展新的市场领域和地区，企业可以分散风险，提高整体业务的稳定性和可持续性。

同时，企业还应优化供应链，确保供应链的可靠性和灵活性。在全球经济风险加剧的背景下，供应链的稳定性对于企业的运营至关重要。企业可以通过建立多元化的供应商网络、加强库存管理、优化物流配送等方式，提高供应链的抗风险能力。

（三）灵活应对市场波动与调整经营策略

全球经济风险往往伴随着市场波动和不确定性。企业应保持敏锐的市场洞察力，灵活应对市场变化，及时调整经营策略。

在面对市场波动时，企业可以采取多种策略进行应对。例如，通过调整产品定价、促销策略等手段，提高产品或服务的市场竞争力；通过加强研发投入、优化产品结构等方式，提升产品或服务的附加值和竞争力；通过加强品牌建设、拓展销售渠道等方式，提高品牌知名度和市场份额。

此外，企业还应关注全球经济政策的变化，及时调整经营策略以适应政策环境。例如，在国际贸易政策收紧的背景下，企业可以加强本地市场的开发和拓展；在货币政策宽松的背景下，企业可以积极利用低成本资金进行扩张和投资。

（四）加强风险管理培训与文化建设

在全球经济风险日益加剧的背景下，企业需要加强风险管理培训与文化建设，提高员工的风险意识和应对能力。

首先，企业可以通过定期开展风险管理培训活动，提高员工对全球经济风险的认识和了解。培训内容可以包括风险识别、风险评估、风险应对等方面的知识和技能。

其次，企业应营造积极向上的风险管理文化氛围，鼓励员工主动关注和识别风险，积极参与风险管理活动。企业可以通过制定风险管理奖励制度、加强风险管理宣传等方式，激发员工参与风险管理的积极性和热情。

最后，企业还应建立风险管理长效机制，将风险管理融入企业的日常运营和管理中。通过制定风险管理政策和流程、建立风险管理组织体系等方式，确保风险管理工作的持续性和有效性。

四、全球经济风险下的国际合作与协调

（一）国际政策协调与对话机制

在全球经济风险日益加剧的背景下，各国之间的政策协调与对话显得尤为重要。通过建立有效的国际政策协调与对话机制，各国可以共同应对全球经济风险，促进全球经济的稳定与发展。

在国际政策协调方面，各国需要加强宏观经济政策的协调，确保政策的连贯性和一致性。这包括货币政策的协调、财政政策的协调及贸易政策的协调等。通过政策协调，各国可以共同应对经济周期波动、金融市场动荡等风险，降低全球经济风险的影响。

同时，各国还需要加强政策对话机制的建设，通过定期或不定期的政策对话，增进相互理解和信任，共同寻找应对全球经济风险的解决方案。政策对话机制可以包括政府间的对话、央行间的对话及国际组织间的对话等。

（二）跨国金融机构的合作与监管

跨国金融机构在全球经济中扮演着重要角色，它们在全球资本流动、贸易融资等方面发挥着关键作用。在全球经济风险下，跨国金融机构的合作与监管对于维护全球金融稳定具有重要意义。

跨国金融机构需要加强合作，共同应对全球经济风险。这包括加强信息共享、共同制定风险管理标准、协调风险管理策略等。通过合作，跨国金融机构可以更好地识别和评估全球经济风险，降低风险传染的可能性。

同时，跨国金融机构还需要加强监管，确保自身运营的稳健性和合规性。监管机构需要建立全球统一的监管标准和规则，对跨国金融机构进行全面监管。此外，监管机构还需要加强国际合作，共同打击跨国金融犯罪和非法金融活动。

（三）国际贸易与投资规则的完善

国际贸易与投资是全球经济的重要组成部分，它们对于促进全球经济增长、推动就业和减少贫困等方面发挥着重要作用。在全球经济风险下，完善国际贸易与投资规则对于促进全球经济的稳定与发展具有重要意义。

各国需要加强国际贸易与投资规则的完善，推动贸易与投资自由化、便利化。这包括降低关税和非关税壁垒、推动服务业开放、加强知识产权保护等。通过完善国际贸易与投资规则，各国可以共同促进全球贸易与投资的发展，降低全球经济风险的影响。

同时，各国还需要加强国际贸易与投资争端解决机制的建设，确保争端能够及时、公正地得到解决。争端解决机制应该具备独立性、公正性和有效性等特点，为各国提供有力的法律保障。

（四）全球治理体系的改革与创新

全球经济风险下的国际合作与协调需要全球治理体系的支持。然而，当前全球治理体系存在一些问题和挑战，需要进行改革与创新。

全球治理体系需要更加公正、合理和有效。各国应该坚持平等互利、共同发展的原则，推动全球治理体系的改革。改革应该包括加强国际组织的权威性和有效性、推动全球治理规则的更新和完善、加强全球治理的民主化等方面。

同时，全球治理体系也需要进行创新。创新可以包括推动数字经济、绿色经济等新兴领域的发展、加强全球公共卫生等领域的合作等。通过创新，全球治理体系可以更好地适应全球经济风险的变化，为全球经济的稳定与发展提供有力支持。

第三章 技术创新与经济管理

第一节 技术创新对经济的推动作用

一、技术创新促进经济增长的机理

（一）技术创新的效率提升与经济增长

技术创新是推动经济增长的核心动力之一，其首要作用体现在提高生产效率上。技术创新通过改进生产流程、引入新的生产工具和设备、优化管理模式等手段，使得企业能够以更少的资源投入获得更大的产出。这种效率的提升不仅降低了生产成本，提高了企业的市场竞争力，也促进了整个经济的持续增长。

在微观层面，技术创新使企业能够更有效地利用资源，提高生产效率，从而增加利润。这种利润的增加为企业提供了更多的资金用于研发和创新，形成了良性循环。在宏观层面，技术创新通过提高整个社会的生产效率，促进了经济增长。随着技术的不断进步，经济增长的速度和质量都会得到显著提升。

（二）技术创新的产业升级与经济增长

技术创新不仅提高了生产效率，还推动了产业结构的升级和转型。随着技术的不断发展，新的产业和业态不断涌现，传统产业也在技术创新的推动下进行改造和升级。这种产业升级和转型的过程不仅促进了新兴产业的发展，还带动了传统产业的复苏和升级，从而推动了整个经济的增长。

技术创新通过改变产业的技术标准和生产模式，推动了产业的升级和转型。新的技术标准和生产模式要求企业不断提高自身的技术水平和创新能力，以适应市场的变化和需求。这种变化促进了企业之间的竞争和合作，推动了整个产业的进步和发展。同时，技术创新也促进了新兴产业的形成和发展，为经济增长提供了新的动力。

（三）技术创新的创新生态与经济增长

技术创新不仅推动了单个企业的进步和发展，还促进了整个创新生态的形成和完善。创新生态是一个由多个创新主体（如企业、高校、科研机构等）和创新资源（如资金、人才、技术等）构成的复杂系统。在这个系统中，各个创新主体通过合作和竞争，共同推动技术的创新和应用。

技术创新通过促进创新生态的形成和完善，推动了经济增长。在创新生态中，各个创新主体之间的合作和竞争促进了技术的创新和应用，形成了新的产品和服务。这些新的产品和服务不仅满足了市场的需求，也创造了新的增长点。同时，创新生态的完善也为企业提供了更多的创新资源和支持，促进了企业的创新和发展。

（四）技术创新的社会效应与经济增长

技术创新不仅带来了经济效益，也产生了积极的社会效应。这些社会效应包括提高人民生活水平、改善环境质量、促进就业等。这些社会效应的存在进一步促进了经济增长。

技术创新通过提高生产效率、推动产业升级和转型、促进创新生态的形成和完善等方式，提高了人民的生活水平。随着技术的不断进步和应用，人们的生活质量得到了显著提升。同时，技术创新也促进了环境质量的改善。新的环保技术和清洁能源技术的应用减少了污染物的排放和能源消耗，促进了可持续发展。随着新兴产业的发展和传统产业的升级转型，就业市场得到了扩大和优化。这些积极的社会效应进一步促进了经济增长和社会的稳定。

二、技术创新对就业结构的影响

（一）技术创新与就业结构的变迁

技术创新是推动社会进步和经济发展的重要动力，其对就业结构的影响深远而复杂。随着技术的不断进步，新兴产业的崛起和传统产业的转型，使得就业结构发生了显著的变化。

首先，技术创新促进了新兴产业的发展，从而创造了大量新就业机会。在信息技术、人工智能、生物科技等领域，技术的突破和应用推动了相关产业的快速发展，为就业市场带来了新的增长点。这些新兴产业对人才的需求量大，且对人才的要求也相对较高，因此吸引了大量高素质人才的加入。

其次，技术创新也推动了传统产业的转型和升级，使得就业结构发生了调整。随着技术的普及和应用，传统产业的生产方式和经营模式发生了改变，对劳动力的需求也发生了变化。一些低技能、重复性强的岗位被机器和自动化设备所取代，而一些需要更高技能和创新能力的岗位则得到了增加。这种变化使得就业结构更加优化，提高了劳动力市场的效率和质量。

（二）技术创新对劳动力素质的要求提升

技术创新不仅改变了就业结构，也对劳动力素质提出了更高的要求。随着技术的不断进步和应用，企业对人才的要求也越来越高。

一方面，技术创新要求劳动力具备更高的专业技能和知识水平。在新兴产业中，技术的复杂性和专业性要求劳动力具备相应的技能和知识才能胜任工作。同时，在传统产业的转型和升级过程中，劳动力也需要不断更新自己的知识和技能以适应新的生产方式和经营模式。

另一方面，技术创新还要求劳动力具备更强的创新能力和适应能力。在快速变化的市场环境中，企业需要不断创新来保持竞争力，而劳动力的创新能力和适应能力则是企业创新的关键。因此，具备创新思维和适应能力的人才更受企业青睐。

（三）技术创新对劳动力市场的地域分布影响

技术创新还对劳动力市场的地域分布产生了影响。随着技术的发展和应用，一些地区因为技术先进、产业发达而成为就业热点地区，吸引了大量人才的涌入。而一些技术相对落后的地区则可能面临人才流失和就业压力增大的问题。

这种地域分布的不均衡可能会对当地经济和社会发展产生一定的影响。一方面，技术先进地区的经济发展更加迅速，人才和资本等资源更加集中，形成了良性循环。另一方面，技术相对落后地区的经济发展则可能受到制约，人才流失和就业压力增大可能导致当地社会不稳定因素的增加。

（四）技术创新对就业结构的长远影响

技术创新对就业结构的影响不仅体现在当前阶段，更具有长远的影响。随着技术的不断进步和应用，就业结构将会发生更加深刻的变化。

一方面，技术创新将推动产业结构的进一步升级和转型，使得一些新兴产业成为主导产业，而一些传统产业则可能逐渐衰落甚至消失。这种变化将使得就业结构发生根本性的调整，对劳动力的素质和技能要求也将发生根本性的变化。

另一方面，技术创新还将推动就业市场的进一步开放和全球化。随着技术的发展和应用，跨国公司和跨地区合作成为常态，劳动力市场的流动性和开放性也将进一步提高。这将使得劳动力在更广泛的范围内进行选择和流动，同时也为企业提供了更多的人才选择机会。

三、技术创新与产业结构优化

（一）技术创新的引领与产业结构优化

技术创新作为推动社会经济发展的重要力量，对于产业结构的优化具有决定性的引领作用。随着科技的不断进步，新的技术、工艺和材料的出现，为传统产业的改造升级和新兴产业的培育壮大提供了有力支撑。

技术创新通过改变生产方式和流程，推动了传统产业的转型升级。在传统产业中，技术的应用使得生产效率大幅提高，生产成本降低，产品质量提升，市场竞争力增强。同时，技术创新还促进了新兴产业的快速崛起，这些新兴产业通常具有高技术含量、高附加值、高成长性的特点，对于推动产业结构向高端化、智能化、绿色化方向发展具有重要意义。

（二）技术创新驱动产业融合与协同发展

技术创新不仅推动了单一产业的进步，还促进了不同产业之间的融合与协同发展。随着信息技术的快速发展，互联网、大数据、人工智能等技术在各产业中的应用越来越广泛，使得产业之间的界限变得越来越模糊，跨界融合成为新趋势。

技术创新通过促进产业融合，实现了资源的优化配置和高效利用。在融合发展的过程中，不同产业之间的技术、人才、资金等资源实现了共享和互通，推动了产业链、创新链、价值链的深度融合。这种融合不仅提高了产业的竞争力，也促进了经济的可持续发展。

（三）技术创新提升产业附加值与竞争力

技术创新通过提升产品的技术含量和附加值，增强了产业的竞争力。在高新技术的推动下，传统产业的产品不断向高端化、智能化、绿色化方向发展，满足了市场对高质量、高性能产品的需求。同时，新兴产业也通过技术创新不断推出新产品、新技术、新服务，为市场提供了更多的选择。

技术创新还通过提升产业的技术水平和创新能力，增强了产业的自主创新能力。在全球化竞争的背景下，只有具备自主创新能力的企业才能在市场中立于不败之地。技术创新通过加强产学研合作、推动科技成果转化等方式，提高了企业的创新能力和核心竞争力。

（四）技术创新对产业结构优化的长远影响

技术创新对产业结构优化的影响是深远而持久的。随着技术的不断进步和应用，产业结构将不断向高端化、智能化、绿色化方向发展。在这个过程中，新兴产业将逐渐成为主导产业，而传统产业也将通过技术创新实现转型升级。

技术创新还将推动产业结构的不断调整和升级。在全球化和信息化的背景下，市场需求和技术环境都在不断变化，产业结构也需要不断适应这些变化。技术创新通过提供新的技术、工艺和材料，推动了产业结构的调整和升级，使得产业结构更加符合市场需求和技术环境的变化。

总之，技术创新是推动产业结构优化的重要力量。在未来的发展中，我们需要继续加强技术创新和产业升级的深度融合，推动经济实现高质量发展。

四、技术创新对国际竞争力的提升

（一）技术创新与国际竞争力的核心要素

技术创新是国际竞争力的核心要素之一，它对于提升一个国家或地区的国际竞争力具有不可或缺的作用。随着全球化和科技革命的深入发展，技术创新已成为决定国家竞争力的关键因素。

技术创新通过提高生产效率、优化资源配置、降低成本、提高产品质量等方式，增强了企业或国家的市场竞争力。同时，技术创新还能够推动新兴产业的发展，培育新的经济增长点，为经济增长提供新的动力。这些都有助于提升一个国家或地区的国际竞争力。

（二）技术创新促进产业升级与国际竞争力

产业升级是提高国际竞争力的重要途径之一，而技术创新则是推动产业升级的关键动力。通过技术创新，企业可以不断推出新产品、新技术、新服务，满足市场需求，提高市场占有率。同时，技术创新还能够推动产业结构的优化升级，促进高附加值产业的发展，提升整个产业的竞争力。

在国际竞争中，拥有强大技术创新能力的国家或地区往往能够占据主导地位，引领产业发展趋势，获得更多的话语权和影响力。因此，加强技术创新、推动产业升级是提高国际竞争力的重要手段。

（三）技术创新与知识产权保护对国际竞争力的影响

知识产权保护是技术创新的重要保障，也是提升国际竞争力的重要措施。技术创新需要投入大量的研发资金和人力资源，如果知识产权得不到有效保护，创新成果很容易被他人窃取或模仿，导致创新投入无法获得应有的回报。

因此，加强知识产权保护对于鼓励技术创新、提高创新积极性具有重要意义。同时，知识产权的保护也能够提升国家或地区的创新形象和国际竞争力，吸引更多的创新资源和投资。

在国际竞争中，拥有完善知识产权保护体系的国家或地区往往能够更好地保护自己的创新成果和知识产权，增强自己的创新能力和国际竞争力。

（四）技术创新对国际贸易与竞争力的影响

技术创新对于国际贸易和国际竞争力的影响也是不可忽视的。随着全球化和科技革命的深入发展，国际贸易的竞争日益激烈，技术创新成为各国争夺市场份额、提高国际竞争力的重要手段。

技术创新通过提高产品质量、降低成本、提高生产效率等方式，增强了企业或国家的市场竞争力。同时，技术创新还能够推动新兴产业的发展和培育新的经济增长点，为国际贸易提供新的商品和服务。这些都有助于提升一个国家或地区的国际竞争力。

此外，技术创新还能够推动国际贸易方式的变革和升级。随着电子商务、跨境电商等新兴贸易方式的兴起，国际贸易的效率和便捷性得到了极大提升。这些新兴贸易方式往往需要依托先进的技术手段进行支撑和推动，因此技术创新对于国际贸易的发展也具有重要意义。

综上所述，技术创新对于提升国际竞争力具有至关重要的作用。通过加强技术创新、推动产业升级、加强知识产权保护及推动国际贸易的发展，一个国家或地区可以不断提高自己的国际竞争力，在全球竞争中占据有利地位。

第二节　技术创新与产业升级

一、技术创新引领产业升级概述

在当今这个飞速发展的时代，技术创新已成为推动产业升级的核心动力。技术创新不仅代表着科技领域的突破，更是经济、社会、文化等多个领域发展的重要引擎。在产业升级的过程中，技术创新以其独特的魅力，引领着产业结构、生产方式和商业模式的变革。

技术创新的核心地位体现在其对产业升级的引领作用上。一方面，技术创新通过推动新技术的研发和应用，为产业升级提供了强大的技术支撑。无论是新兴产业的崛起，还是传统产业的转型升级，都离不开技术创新的支持。另一方面，技术创新还通过改变生产方式和商业模式，推动产业向更高效、更智能、更绿色的方向发展。

技术创新在促进产业结构优化方面发挥着重要作用。随着科技的不断进步，新兴产业不断涌现，传统产业也通过技术创新实现了转型升级。在这个过程中，技术创新通过提高生产效率、降低成本、提高产品质量等方式，使得产业结构更加合理、更加高效。具体而言，技术创新可以推动产业向高端化、智能化、绿色化方向发展。在高端化方面，技术创新可以提高产品的技术含量和附加值，使得产品更具竞争力。在智能化方面，技术创新可以通过人工智能、大数据等技术手段，实现生产过程的自动化和智能化，提高生产效率和质量。在绿色化方面，技术创新可以推动清洁能源、环保技术等的发展，促进产业的可持续发展。

技术创新不仅促进了产业结构的优化升级，还推动了不同产业之间的融合与协同发展。随着信息技术的快速发展，互联网、大数据、人工智能等技术手段在各行各业的应用越来越广泛，使得不同产业之间的界限变得越来越模糊。技术创新通过推动产业融合，实现了资源的优化配置和高效利用。在融合发展的过程中，不同产业之间的技术、人才、资金等资源实现了共享和互通，推动了产业链、创新链、价值链的深度融合。这种融合不仅提高了产业的竞争力，还促进了经济的可持续发展。同时，技术创新还推动了产业之间的协同发展。通过技术创新，不同产业之间可以形成更加紧密的合作关系，共同推动产业的发展。例如，在智能制造领域，工业互联网技术将制造业和服务业紧密连接在一起，形成了协同发展的新局面。

技术创新对于提升国际竞争力具有重要意义。在全球化的背景下，各国之间的竞争日益激烈，技术创新已成为决定国家竞争力的关键因素之一。技术创新通过提高生产效率、降低成本、提高产品质量等方式，增强了企业或国家的市场竞争力。同时，技术创新还能够推动新兴产业的发展和培育新的经济增长点，为经济增长提供新的动力。这些都有助于提升一个国家或地区的国际竞争力。此外，技术创新还能够提高国家或地区的创新能力。创新是一个国家或地区发展的不竭动力，而技术创新则是创新的重要组成部分。通过加强技术创新投入、提高创新能力，一个国家或地区可以在国际竞争中占据更加有利的地位。

二、技术创新与新兴产业的形成

（一）技术创新推动新兴产业诞生的机理

技术创新作为新兴产业形成的基石，通过不断突破现有的技术边界，推动新兴产业的诞生。技术创新能够解决传统产业中的技术瓶颈，打破原有产业结构的限制，为新兴产业提供技术支撑和发展空间。随着新技术的不断涌现，新兴产业开始崭露头角，逐渐展露其独特的竞争力和市场前景。

技术创新的推动机理在于其能够创造出全新的产品或服务，满足市场的新需求。通过技术创新，企业可以开发出具有独特性能、高效能、低能耗等特点的产品，满足消费者对高品质生活的追求。这些新产品或服务的出现，不仅能够填补市场的空白，还能够引领消费潮流，推动整个产业的快速发展。

（二）技术创新在新兴产业成长中的作用

在新兴产业成长的过程中，技术创新发挥着至关重要的作用。首先，技术创新能够提升新兴产业的竞争力。通过技术创新，新兴产业可以不断提高产品或服务的质量和性能，降低生产成本，提高市场竞争力。这种竞争力不仅体现在价格上，更体现在品质、服务、创新等方面。

其次，技术创新能够推动新兴产业的可持续发展。随着资源的日益枯竭和环境的日益恶化，可持续发展已成为产业发展的重要方向。技术创新通过开发新能源、环保技术等手段，为新兴产业的可持续发展提供了有力支持。这些新技术不仅能够降低产业的能耗和排放，还能够推动产业的绿色转型和升级。

此外，技术创新还能够促进新兴产业的集聚和集群化发展。通过技术创新，新兴产业可以吸引更多的资金、人才等资源，形成产业集聚效应。这种集聚效应不仅能够提高产业的规模效益和竞争力，还能够促进相关产业的协同发展，形成更加完善的产业链和生态系统。

（三）技术创新与新兴产业政策的协同作用

在推动新兴产业发展的过程中，技术创新与产业政策的协同作用不可忽视。产业政策是政府推动产业发展的重要手段之一，通过制定和实施相关政策，可以引导资源向新兴产业倾斜，为新兴产业的发展提供有力支持。

技术创新与产业政策的协同作用主要体现在以下几个方面：一是政策可以引导企业加大技术创新投入，推动新技术的研发和应用；二是政策可以提供税收优惠、资金扶持等措施，降低企业的创新成本和风险；三是政策可以加强知识产权保护，保障企业的创新成果不被侵犯；四是政策可以推动产学研合作，促进科技成果转化和产业化。

通过技术创新与产业政策的协同作用，可以加速新兴产业的成长和发展，提高整个产业的竞争力和创新力。同时，这种协同作用还能够促进产业升级和转型，推动经济的可持续发展。

（四）技术创新在新兴产业国际竞争中的地位

在全球化的背景下，新兴产业的国际竞争日益激烈。技术创新作为新兴产业国际竞争的关键要素之一，对于提升新兴产业的国际竞争力具有重要意义。

技术创新能够提升新兴产业的核心竞争力。通过技术创新，新兴产业可以开发出具有独特性能、高效能、低能耗等特点的产品或服务，满足全球市场的需求。这种核心竞争力不仅能够使新兴产业在国际市场上占据领先地位，还能够为企业赢得更多的市场份额和利润。

此外，技术创新还能够推动新兴产业的国际合作与交流。通过技术创新合作，不同国家和地区的企业可以共同开发新技术、新产品或服务，实现资源共享和优势互补。这种国际合作与交流不仅能够提高新兴产业的国际竞争力，还能够促进全球经济的繁荣和发展。

三、技术创新推动传统产业转型升级

（一）技术创新为传统产业注入新动力

技术创新是推动传统产业转型升级的重要动力。随着科技的飞速发展，新技术不断涌现，为传统产业提供了广阔的创新空间。通过引入新技术、新工艺和新材料，传统产业能够焕发新的生机和活力，提高生产效率、降低成本、优化产品质量，从而适应市场的新需求，保持竞争优势。

具体来说，技术创新可以帮助传统产业实现生产过程的自动化和智能化，提高生产效率。例如，通过引入机器人、自动化生产线等智能设备，可以实现生产过程的无人化操作，减少人力成本，提高生产效率。此外，技术创新还可以推动传统产业的绿色转型，通过开发环保技术、节能技术等，降低生产过程中的能耗和排放，实现可持续发展。

（二）技术创新促进传统产业产品创新

技术创新不仅为传统产业注入新动力，还促进了传统产业的产品创新。随着消费者需求的不断变化，传统产业需要不断推出新产品来满足市场的新需求。通过技术创新，传统产业可以开发出具有独特性能、新颖外观、高附加值的新产品，从而吸引更多消费者的关注和购买。

产品创新不仅可以提高传统产业的市场竞争力，还可以为企业创造更多的利润。例如，通过引入新技术、新材料等，可以开发出具有更高性能、更低成本的新产品，提高产品的性价比，吸引更多消费者的购买。同时，产品创新还可以推动品牌的建设和发展，提升企业的品牌形象和知名度。

（三）技术创新推动传统产业管理变革

技术创新不仅改变了传统产业的生产方式和产品形态，还推动了传统产业的管理变革。随着信息技术的广泛应用，传统产业的管理方式和手段也发生了深刻变化。通过引入信息化管理系统、电子商务平台等，可以实现企业内部资源的优化配置和高效管理，提高管理效率和水平。

管理变革不仅可以提高传统产业的运营效率，还可以降低管理成本和风险。例如，通过引入大数据、云计算等技术手段，可以实现对市场需求的精准预测和快速响应，提高生产计划的准确性和灵活性。同时，管理变革还可以推动企业文化的创新和变革，形成更加开放、创新、协作的企业文化氛围。

（四）技术创新助力传统产业国际化发展

技术创新是推动传统产业国际化发展的重要手段。随着全球化的深入发展，传统产业需要面向国际市场进行竞争和合作。通过技术创新，传统产业可以提高产品的技术含量和附加值，提升产品的国际竞争力。同时，技术创新还可以推动传统产业的国际化布局和市场拓展，实现跨国经营和全球化发展。

具体来说，技术创新可以帮助传统产业提高产品的品质和性能，满足国际市场的严格标准和要求。通过引入国际先进的技术和标准，可以提高产品的质量和可靠性，赢得国际市场的认可和信任。此外，技术创新还可以推动传统产业的品牌建设和知识产权保护，提高品牌的知名度和美誉度，增强企业在国际市场的竞争力。

总之，技术创新是推动传统产业转型升级的重要力量。通过引入新技术、新工艺和新材料，传统产业可以焕发新的生机和活力，实现生产方式、产品创新、管理变革和国际化发展等多方面的转型升级。这不仅有助于提高传统产业的竞争力和可持续发展能力，还有助于推动整个经济社会的持续健康发展。

四、技术创新在产业链中的作用

（一）技术创新推动产业链效率提升

技术创新在产业链中的首要作用体现在其能够显著推动产业链效率的提升。随着新技术的不断涌现和应用，产业链中的各个环节得以优化和升级，从而实现更高效的生产和运营。在产业链的上游，技术创新可以推动原材料开采和加工技术的革新，提高原材料的利用率和加工效率；在产业链的中游，技术创新可以优化生产流程，提高生产自动化和智能化水平，减少生产过程中的浪费和损耗；在产业链的下游，技术创新可以推动销售和物流的数字化转型，提高市场响应速度和客户满意度。这些创新举措共同作用，使得整个产业链的运行效率得到显著提升。

（二）技术创新促进产业链成本降低

技术创新在降低产业链成本方面也发挥着重要作用。通过引入新技术、新工艺和新材料，企业可以在生产过程中实现节能减排、降低原材料消耗和人工成本等目标，从而降低生产成本。例如，新能源技术的发展使得企业能够采用更环保、更经济的生产方式；智能制造技术的应用使得生产过程更加精准和高效，减少了不必要的浪费和损耗。此外，技术创新还可以推动产业链中各环节之间的协作和配合，提高资源利用效率，进一步降低整体成本。

（三）技术创新优化产业链资源配置

技术创新在优化产业链资源配置方面也具有重要意义。通过引入新技术和信息系统，企业可以更加准确地掌握市场需求和消费者行为，实现更加精准的市场定位和产品设计。这有助于企业更好地满足市场需求，提高产品竞争力和市场占有率。同时，技术创新还可以推动资源的集约利用和循环利用，减少资源浪费和环境污染。例如，通过引入循环经济理念和技术手段，企业可以实现生产过程中的废物资源化利用和再生利用，提高资源利用效率和环境保护水平。这些优化举措有助于提高产业链的整体效益和可持续发展能力。

（四）技术创新引领产业链升级与转型

技术创新在引领产业链升级与转型方面具有决定性作用。随着科技的不断进步和市场需求的不断变化，传统的产业链可能面临竞争力下降和生存危机。而技术创新可以为企业带来新的发展机遇和增长点，推动产业链的升级与转型。通过引入新技术、新工艺和新材料，企业可以开发出更具竞争力的产品和服务，满足市场的新需求。同时，技术创新还可以推动企业拓展新的市场领域和商业模式，实现产业链的多元化和国际化发展。这些创新举措有助于企业实现转型升级和可持续发展，提高产业链的整体竞争力和抗风险能力。

总之，技术创新在产业链中发挥着至关重要的作用。通过推动产业链效率提升、降低成本、优化资源配置和引领升级与转型等举措，技术创新有助于提高产业链的整体效益和竞争力。同时，技术创新还可以推动产业链的可持续发展和绿色转型，为经济社会的发展注入新的活力和动力。因此，各企业应积极加强技术创新投入和研发能力建设，不断提升自身在产业链中的竞争力和地位。

第三节　创新型企业的培育与管理

一、创新型企业的核心竞争力构建

（一）技术创新：核心竞争力的源泉

创新型企业的核心竞争力构建首要在于技术创新。技术创新不仅指产品技术的突破，更涵盖了生产工艺、管理手段等多方面的创新。这种创新源于企业深厚的研发实力和对市场趋势的敏锐洞察力。在技术创新上，创新型企业注重研发投入，建立高效的研发团队，持续跟踪并引领行业技术发展方向。通过不断的技术创新，创新型企业能够推出具有市场竞争力的新产品，满足消费者的多样化需求，进而在市场中占据领先地位。

技术创新还体现在企业对知识产权的重视和保护上。创新型企业深知技术创新成果的价值，因此建立了完善的知识产权保护体系，确保技术成果的安全和有效利用。这不仅有助于企业维护自身的技术优势，还能够为企业的长期发展提供坚实的技术支撑。

（二）人才管理：核心竞争力的关键

创新型企业深知人才是企业发展的根本。因此，在构建企业核心竞争力时，人才管理成为关键一环。创新型企业注重人才的引进、培养和激励，注重打造一支高素质、专业化的员工队伍。企业通过建立科学的招聘机制，吸引具有创新精神和专业技能的人才加入；通过搭建完善的培训体系，提升员工的综合素质和专业技能；通过构建合理的激励机制，激发员工的工作积极性和创造力。

在人才管理上，创新型企业还注重营造积极向上的企业文化氛围。企业鼓励员工敢于创新、勇于尝试，为员工提供广阔的发展空间和成长机会。这种积极向上的企业文化氛围有助于激发员工的创造力和创新精神，推动企业不断创新和发展。

（三）市场定位：核心竞争力的基础

创新型企业在构建核心竞争力时，还需要注重市场定位。市场定位是指企业根据市场需求和自身条件，确定自己在市场中的位置和发展方向。创新型企业通过深入的市场调研和分析，了解消费者的需求和市场的变化趋势，进而确定自身的市场定位。

在市场定位上，创新型企业注重差异化竞争。企业通过提供具有独特价值的产品和服务，满足消费者的特殊需求，从而在市场中形成独特的竞争优势。同时，创新型企业还注重品牌建设和市场推广，提升品牌知名度和美誉度，进一步巩固自身的市场地位。

（四）组织架构：核心竞争力的保障

创新型企业的组织架构是其核心竞争力的保障。一个灵活高效的组织架构能够为企业的发展提供有力的支撑。创新型企业注重建立扁平化的组织结构，降低决策层次，提高决策效率。同时，企业还注重跨部门的协调与合作，打破部门壁垒，促进信息流通和资源共享。

在组织架构上，创新型企业还注重建立快速反应和适应性强的组织文化。企业鼓励员工提出创新想法和意见，并能够迅速响应市场变化。这种快速反应和适应性强的组织文化有助于企业抓住市场机遇，实现快速发展。同时，企业还注重营造开放、包容的工作氛围，让员工在宽松的环境中充分发挥自己的才能和创造力。

二、创新型企业的组织结构与管理模式

（一）灵活扁平化的组织结构

创新型企业的组织结构通常呈现灵活扁平化的特点。这种结构打破了传统企业层级分明的界限，减少了中间管理层级，使得信息能够更快地传递和流通。扁平化的组织结构有助于缩短决策流程，提高决策效率，使得企业能够更快地响应市场变化和客户需求。同时，扁平化的结构也使得企业内部的沟通更加顺畅，员工之间的协作更加紧密，从而促进了创新思维的产生和发展。

在创新型企业的灵活扁平化组织结构中，各部门之间往往以项目或任务为导向，形成跨部门、跨职能的协作团队。这种以项目为纽带的团队合作方式，能够集中资源，迅速响应市场需求，实现快速创新。同时，由于团队成员来自不同的部门和职能背景，他们之间的交流和碰撞也能够激发更多的创新灵感和思路。

（二）以创新为核心的管理模式

创新型企业的管理模式以创新为核心，注重激发员工的创新精神和创造力。企业通过建立完善的创新机制，鼓励员工提出创新想法和建议，并为员工提供充足的创新资源和支持。同时，企业还注重培养员工的创新意识和能力，通过培训和引导，帮助员工掌握创新方法和技能，提高创新效率和成功率。

在创新型企业的管理模式中，领导者的角色也发生了转变。传统的管理者往往注重控制和监督，而创新型企业的领导者则更加注重引导和激励。他们鼓励员工发挥主动性和创造性，为员工提供宽松的工作环境和自由的发挥空间。同时，他们还能够敏锐地洞察市场变化和客户需求，及时调整企业战略和业务方向，推动企业不断创新和发展。

（三）开放协作的外部关系网络

创新型企业的组织结构和管理模式还体现在其开放的外部关系网络上。创新型企业注重与外部环境的互动和协作，积极寻求与产业链上下游企业、高校、科研机构等合作伙伴的合作和交流。通过建立广泛的合作网络，创新型企业能够获取更多的创新资源和信息，借鉴他人的成功经验和技术成果，提高自身的创新能力和水平。

同时，创新型企业还注重与客户和市场的互动。他们通过深入了解客户的需求和反馈，及时调整产品和服务，满足客户的个性化需求。同时，他们还能够通过市场调研和分析，了解市场趋势和竞争态势，为企业的发展提供有力的市场支撑。

（四）动态适应的组织调整机制

创新型企业的组织结构和管理模式需要具备动态适应的能力。随着市场环境和技术变革的不断变化，企业需要不断调整自身的组织结构和管理模式，以适应新的市场环境和客户需求。创新型企业通过建立动态适应的组织调整机制，能够迅速响应市场变化，实现组织结构的灵活调整和管理模式的优化升级。

在动态适应的组织调整机制中，创新型企业注重建立灵活的组织架构和弹性的管理流程。他们能够根据市场需求和客户需求的变化，快速调整部门设置和人员配置，优化业务流程和管理流程。同时，他们还能够通过引进新技术和新方法，推动组织结构和管理模式的创新和改进。这种动态适应的组织调整机制有助于创新型企业保持敏锐的市场洞察力和快速响应能力，实现持续的创新和发展。

三、创新型企业的人才战略与激励机制

（一）人才战略：构建全面的人才引进与培养体系

创新型企业深知人才是推动创新的核心力量，因此，制定一套全面而科学的人才战略至关重要。首先，企业需明确自身的人才需求，根据企业自身业务发展和战略规划，确定所需人才的专业背景、技能水平和经验要求。其次，企业需建立多元化的人才引进渠道，通过校园招聘、社会招聘、猎头推荐等方式，吸引优秀人才加入。同时，企业还需注重内部人才的培养和挖掘，通过内部培训、轮岗锻炼、导师制等方式，提升员工的综合素质和专业技能。

在人才引进与培养的过程中，创新型企业还需注重人才的梯队建设。通过构建合理的人才梯队，企业能够确保关键岗位有合适的人选，避免因人才流失而给企业带来风险。此外，企业还需建立人才的退出机制，为不符合企业发展需求的人才提供合理的退出路径，保持人才队伍的活力和竞争力。

（二）激励机制：激发员工的创新动力与活力

创新型企业需要建立一套科学、合理的激励机制，以激发员工的创新动力与活力。首先，企业需建立与绩效挂钩的薪酬体系，将员工的薪酬与其工作表现、创新成果等紧密挂钩，让员工感受到创新的价值和回报。其次，企业需注重非物质激励的运用，如提供晋升机会、赋予更多责任、表彰先进等，以满足员工的成长和发展需求。此外，企业还可以通过建立创新团队、创新基金等方式，鼓励员工积极参与创新活动，激发其创新潜力。

在激励机制的设计中，创新型企业还需注重公平性和透明性。企业需确保激励政策的公平性和公正性，避免员工因不公平的待遇而产生负面情绪。同时，企业还需确保激励政策的透明性，让员工了解激励政策的制定依据和评价标准，增强其对激励政策的信任感和归属感。

（三）人才培养与职业发展：为员工提供广阔的职业发展空间

创新型企业需注重员工的职业发展和成长，为员工提供广阔的职业发展空间。首先，企业需建立完善的职业晋升通道和选拔机制，让员工看到职业发展的希望和机会。其次，企业需根据员工的个人特点和职业兴趣，为其制订个性化的职业发展规划，帮助员工实现职业目标。此外，企业还需注重员工的培训和学习机会，为员工提供多样化的培训和学习资源，帮助员工不断提升自身的专业技能和综合素质。

（四）文化建设与人文关怀：营造良好的企业氛围

创新型企业在人才战略与激励机制的构建中，还需注重企业文化建设与人文关怀。企业文化是企业内部的一种共同价值观和行为规范，能够增强员工的归属感和凝聚力。创新型企业需注重培养积极向上的企业文化氛围，鼓励员工敢于创新、勇于尝试。同时，企业还需注重人文关怀，关心员工的身心健康和生活需求，为员工提供良好的工作环境和生活条件。通过营造良好的企业氛围，创新型企业能够吸引更多优秀人才加入，并激发其创新潜力和工作热情。

四、创新型企业的文化建设与价值观塑造

（一）明确企业愿景与使命，奠定文化基石

创新型企业的文化建设首先要从明确企业的愿景与使命开始。愿景是企业对未来发展的长远规划，它为员工指明了企业前进的方向和目标；使命则是企业存在的根本理由，它回答了企业为什么存在、要做什么的问题。通过明确企业的愿景与使命，企业能够塑造出具有激励性和凝聚力的文化氛围，让员工深刻理解企业的核心价值观和发展方向。

在明确愿景与使命的过程中，企业需要充分考虑自身的特点和市场环境，确保愿景与使命既具有前瞻性又符合实际。同时，企业还需将愿景与使命转化为具体的行动计划和目标，让员工能够清晰地看到企业的未来蓝图，从而激发其工作热情和创造力。

（二）倡导创新精神，构建创新文化

创新型企业的文化建设需要倡导创新精神，构建创新文化。创新是企业发展的核心动力，也是企业文化的重要组成部分。企业需要通过各种途径和方式，鼓励员工敢于创新、勇于尝试，为企业的发展贡献自己的智慧和力量。

在构建创新文化的过程中，企业需要注重培养员工的创新意识和创新能力。通过培训、交流、实践等方式，让员工了解创新的重要性和方法，掌握创新的基本技能。同时，企业还需建立创新激励机制，对员工的创新成果给予及时的奖励和认可，激发员工的创新热情。

（三）强化团队协作，营造和谐氛围

创新型企业的文化建设还需要强化团队协作，营造和谐氛围。团队协作是企业实现目标的重要手段，也是企业文化的重要体现。企业需要建立高效的团队协作机制，促进员工之间的沟通与协作，共同解决问题、完成任务。

在营造和谐氛围的过程中，企业需要注重员工的情感需求和心理健康。通过举办各种文体活动、团队建设活动等方式，增强员工之间的友谊和信任，让员工感受到企业的温暖和关怀。同时，企业还需关注员工的心理健康问题，提供必要的心理支持和帮助，确保员工能够保持良好的工作状态和心态。

（四）坚守诚信经营，树立良好形象

创新型企业的文化建设还需要坚守诚信经营，树立良好形象。诚信是企业文化的灵魂和基石，也是企业赢得市场和客户信任的关键。企业需要坚持诚信经营的原则，遵守法律法规和商业道德，以诚信赢得市场和客户的认可。

在树立良好形象的过程中，企业需要注重企业的社会责任感和公益事业。通过参与社会公益活动、关注环境保护等方式，展示企业的良好形象和社会责任感。同时，企业还需加强品牌建设和宣传推广，提升品牌知名度和美誉度，增强企业的市场竞争力。

总之，创新型企业的文化建设与价值观塑造需要从多个方面入手，明确企业愿景与使命、倡导创新精神、强化团队协作、坚守诚信经营等都是重要的建设方向。通过不断的努力和探索，企业可以构建出具有自身特色的企业文化和价值观体系，为企业的长远发展提供有力的支撑和保障。

第四节　技术创新中的知识产权保护

一、知识产权保护对技术创新的重要性

（一）激发创新活力，保护创新成果

知识产权保护在技术创新过程中起着至关重要的作用。首先，它能够有效激发创新活力。在知识产权的保障下，创新者能够确保自己的创新成果不被轻易复制或盗用，从而激发他们进行技术创新的积极性和动力。这种保障不仅体现在对创新成果的专利保护上，还体现在对商业秘密、著作权等知识产权的保护上。当创新者知道自己的创新成果能够得到充分的保护时，他们会更愿意投入时间和精力进行创新活动，推动技术不断进步。

其次，知识产权保护有助于保护创新成果。技术创新往往需要投入大量的人力、物力和财力，如果创新成果得不到有效的保护，那么创新者的投入将无法得到应有的回报。知识产权保护通过赋予创新者一定的独占权，使得他们能够在一定期限内独占创新成果所带来的经济利益，从而保障他们的创新投入得到合理的回报。这种保护不仅能够激励创新者继续进行创新活动，还能够吸引更多的投资者和合作伙伴参与到技术创新中来，共同推动技术创新的发展。

（二）促进技术转移与扩散，加速创新成果应用

知识产权保护还能够促进技术转移与扩散，加速创新成果的应用。在知识产权的保障下，创新者可以将自己的创新成果转让给其他企业或个人，从而实现技术的快速转移和扩散。这种转移和扩散不仅能够让创新成果得到更广泛的应用，还能够推动整个产业的技术进步和产业升级。同时，知识产权

保护还能够促进产学研合作，让高校、科研机构和企业之间的技术交流和合作更加顺畅，加速创新成果的转化和应用。

（三）提升企业竞争力，推动产业升级

知识产权保护还能够提升企业竞争力，推动产业升级。在激烈的市场竞争中，企业需要通过不断创新来提升自身的竞争力。知识产权保护可以为企业创造一定的技术壁垒，防止竞争对手轻易复制或模仿自己的创新成果，从而保持企业在市场上的领先地位。同时，知识产权保护还能够提升企业的品牌价值和市场地位，吸引更多的客户和投资者。随着知识产权保护力度的不断加大，越来越多的企业开始重视技术创新和知识产权保护，这将推动整个产业的技术进步和产业升级。

（四）维护市场秩序，促进公平竞争

知识产权保护还能够维护市场秩序，促进公平竞争。在市场经济条件下，知识产权的保护对于维护市场秩序至关重要。如果知识产权得不到有效的保护，那么市场上将充斥着各种假冒伪劣产品，严重扰乱市场秩序。知识产权保护通过打击侵权行为，维护了市场的公平竞争环境，使得创新者能够在公平的市场环境中进行竞争。同时，知识产权保护还能够降低交易成本，提高市场效率，促进市场经济的健康发展。

二、知识产权的法律保护手段

（一）立法保护：构建完善的知识产权法律体系

知识产权的法律保护手段首先体现在立法保护上。立法保护是指国家通过制定和实施知识产权法律法规，为知识产权的创造、保护、管理和运用提供法律基础和制度保障。在构建完善的知识产权法律体系方面，国家需要制定一系列知识产权法律，如专利法、商标法、著作权法等，明确知识产权的权属、保护范围、保护措施和法律责任等。同时，还需要不断完善和更新这些法律，以适应技术发展的需求和市场需求的变化。

立法保护的重要性在于为知识产权的保护提供了明确的法律依据和制度保障。通过立法保护，可以确保知识产权的创造者和持有者能够依法享有其

权利，防止他人侵犯其知识产权。同时，立法保护还能够为知识产权的转让、许可等交易活动提供法律支持，促进知识产权的商业化运用。

（二）行政保护：加大知识产权的行政管理和执法力度

行政保护是知识产权法律保护的另一种重要手段。行政保护主要是指国家行政机关对知识产权进行管理和保护，包括知识产权的申请、审查、授权、维权等各个环节。在行政保护方面，国家需要建立健全知识产权行政管理体系，加大知识产权行政管理和执法力度。

行政保护的重要性在于为知识产权的保护提供了更加直接和有效的手段。通过行政保护，国家可以加强对知识产权的管理和监管，及时发现和制止侵权行为，保护知识产权的合法权益。同时，行政保护还能够为知识产权的创造者和持有者提供更加便捷和高效的维权服务，降低维权成本，提高维权效率。

（三）司法保护：提供知识产权纠纷的司法解决途径

司法保护是知识产权法律保护的又一重要手段。司法保护主要是指通过司法途径对知识产权纠纷进行解决，包括知识产权的诉讼、仲裁等。在司法保护方面，国家需要建立健全的知识产权司法保护体系，加强知识产权司法审判和仲裁工作。

司法保护的重要性在于为知识产权纠纷的解决提供了公正、公平、高效的途径。通过司法保护，可以确保知识产权纠纷得到公正、公平的解决，维护知识产权的合法权益。同时，司法保护还能够对知识产权侵权行为进行制裁和惩罚，提高侵权成本，降低侵权风险，从而有效地保护知识产权。

（四）国际保护：加强知识产权的国际合作与交流

随着全球化的深入发展，知识产权的国际保护越来越重要。国际保护主要是指通过国际合作与交流，加强知识产权在国际层面的保护。在国际保护方面，国家需要积极参与国际知识产权合作与交流，加强与其他国家在知识产权领域的合作与协作。

国际保护的重要性在于为知识产权的保护提供了更加广阔的空间和更加有力的支持。通过国际保护，可以加强与其他国家在知识产权领域的合作与协作，共同打击跨国知识产权侵权行为，保护全球知识产权的合法权益。同时，国际保护还能够促进知识产权的跨国交易和合作，推动全球经济的繁荣和发展。

三、技术创新中的商业秘密保护

（一）商业秘密的界定与价值

在技术创新过程中，商业秘密作为一种重要的知识产权形式，其保护显得尤为重要。商业秘密通常指的是不为公众所知悉、具有商业价值并经权利人采取相应保密措施的技术信息、经营信息等商业信息。这些信息往往是企业经过长期研发、市场调研等努力所积累得来的，对于企业的市场竞争力和持续创新能力具有至关重要的作用。因此，明确商业秘密的界定和认识其价值，是技术创新中商业秘密保护的首要任务。

具体而言，商业秘密的保护范围涵盖了技术信息、经营信息等多个方面。技术信息如独特的技术工艺、产品设计、配方等，是企业技术创新的核心；经营信息如市场策略、客户名单、销售渠道等，则是企业运营管理的关键。这些信息一旦被泄露或被竞争对手获取，将会给企业带来极大的损失。因此，企业需要充分认识到商业秘密的价值，并采取相应的保护措施。

（二）商业秘密的保护策略

在技术创新中，保护商业秘密需要采取一系列的策略。首先，企业应建立健全的保密制度，明确保密责任和要求，确保员工对商业秘密的保密意识。其次，企业应对商业秘密进行分类管理，根据信息的敏感程度和价值大小，采取不同的保护措施。例如，对于高度敏感的商业秘密，可以采取物理隔离、加密传输等手段进行保护；对于一般性的商业秘密，则可以通过签订保密协议、限制访问权限等方式进行保护。

此外，企业还应加强员工保密教育，提高员工的保密意识和保密能力。通过定期的培训、讲座等形式，向员工普及商业秘密保护的知识和技巧，使员工充分认识到保护商业秘密的重要性。同时，企业还应建立完善的奖惩机制，对违反保密规定的员工进行惩罚，对保密工作表现突出的员工进行奖励，以激励员工积极参与商业秘密保护工作。

（三）技术创新与商业秘密保护的协同

技术创新与商业秘密保护是相辅相成的。技术创新需要不断地研发投入和进行市场调研，而这些过程中所产生的商业秘密则是企业的重要资产。因此，在技术创新过程中，企业需要充分考虑商业秘密的保护问题，确保技术创新成果能够得到有效保护。

具体而言，企业应在技术创新过程中加强保密管理，确保研发过程中的商业秘密不被泄露。同时，企业还应关注技术创新成果的商业价值，及时申请专利、商标等知识产权保护措施，以确保技术创新成果能够得到充分的保护。此外，企业还应加强与知识产权管理机构的合作与交流，了解最新的知识产权政策和法规动态，为企业技术创新和商业秘密保护提供有力支持。

（四）商业秘密保护面临的挑战与对策

随着科技的不断进步和市场竞争的加剧，商业秘密保护面临着越来越多的挑战。一方面，随着信息技术的快速发展，商业秘密的泄露风险不断增加；另一方面，跨国公司在全球范围内的经营活动也使得商业秘密的保护更加复杂和困难。

为了应对这些挑战，企业需要采取更加全面和有效的商业秘密保护措施。首先，企业应加强对信息技术的投入和应用，利用先进的技术手段加强商业秘密的保护。例如，采用加密技术、防火墙等网络安全措施，确保商业秘密在传输和存储过程中的安全性。其次，企业应加强与相关机构的合作与交流，共同打击商业秘密侵权行为。例如，与执法机构合作打击商业秘密盗窃、泄露等犯罪行为；与行业协会、知识产权管理机构等合作制定行业标准和规范，共同维护商业秘密的安全和稳定。此外，企业还应加强对员工的保密教育和培训，提高员工的保密意识和能力，共同维护企业的商业秘密安全。

四、技术创新中的知识产权管理与运用

（一）知识产权管理在技术创新中的重要性

在技术创新过程中，知识产权管理扮演着至关重要的角色。首先，知识产权管理能够确保企业的创新成果得到充分的保护，防止被他人非法复制或

利用，从而保障企业的创新投入和收益。其次，知识产权管理有助于企业形成技术壁垒，增强自身的市场竞争力。通过申请专利、商标等知识产权保护措施，企业可以为其创新成果建立法律上的保护屏障，防止竞争对手的模仿和侵害。此外，知识产权管理还能够为企业创造新的商业机会，推动企业的持续发展。

具体而言，知识产权管理包括知识产权的创造、保护、运用和管理等多个方面。在技术创新过程中，企业需要建立健全的知识产权管理制度，明确知识产权的权属、保护范围、保护措施和管理流程等。同时，企业还需要加强知识产权的培训和宣传，提高员工的知识产权保护意识，确保创新成果能够得到有效保护。

（二）技术创新中的知识产权运用策略

在技术创新中，知识产权的运用策略对于企业的成功至关重要。首先，企业需要根据自身的技术特点和市场需求，选择适合的知识产权保护方式。例如，对于技术创新成果，企业可以选择申请专利保护；对于品牌标识和商业秘密，企业可以选择申请商标和采取保密措施等。

其次，企业还需要加强知识产权的商业化运用。通过知识产权的许可、转让等方式，企业可以将其创新成果转化为实际的经济利益。在此过程中，企业需要充分了解市场需求和竞争对手情况，制定合理的知识产权运用策略，确保创新成果能够得到充分的商业化运用。

此外，企业还需要加强知识产权的维护和更新。随着技术的不断发展和市场的不断变化，企业的知识产权也需要不断维护和更新。企业需要及时申请新的专利、商标等知识产权保护措施，确保创新成果能够持续得到保护。同时，企业还需要加强知识产权的维护和管理，确保知识产权的完整性和有效性。

（三）知识产权管理与技术创新的相互促进

知识产权管理与技术创新之间存在着相互促进的关系。一方面，知识产权管理能够保障技术创新的成果得到充分保护，从而激发企业的创新活力。通过知识产权的保护和商业化运用，企业可以获得更多的经济收益和市场份额，进一步推动技术创新的持续发展。

另一方面，技术创新也能够促进知识产权管理的不断完善和创新。随着技术的不断进步和创新成果的不断涌现，企业需要不断调整和完善知识产权管理制度和策略，以适应新的市场需求和技术发展趋势。同时，技术创新还能够为知识产权管理提供新的思路和方法，推动知识产权管理的创新和发展。

（四）知识产权管理面临的挑战与对策

在技术创新中，知识产权管理面临着诸多挑战。首先，随着技术的不断发展和市场竞争的加剧，知识产权的侵权风险不断增加。企业需要加强知识产权的保护和维权工作，防止创新成果被他人非法复制或利用。

其次，知识产权的商业化运用也面临着一定的困难。由于市场需求和竞争环境的不确定性，企业需要制定合理的知识产权运用策略，降低商业化运用的风险。同时，企业还需要加强与其他企业和机构的合作与交流，共同推动知识产权的商业化运用。

为了应对这些挑战，企业需要采取一系列对策。首先，企业需要加强知识产权的培训和宣传，提高员工的知识产权保护意识。其次，企业需要建立健全的知识产权管理制度和流程，确保创新成果能够得到有效保护。同时，企业还需要加强与其他企业和机构的合作与交流，共同推动知识产权的商业化运用和管理创新。

第五节　技术创新与市场竞争策略

一、技术创新与市场竞争的关系

（一）技术创新是市场竞争的驱动力

技术创新是市场竞争的重要驱动力。在日益激烈的市场竞争中，企业为了保持或扩大市场份额，需要不断寻求新的竞争优势。技术创新正是企业获取这种竞争优势的关键手段。通过技术创新，企业可以开发出新产品、新工艺、新技术，提高产品质量、降低成本、优化服务，从而满足消费者日益多样化的需求，赢得市场竞争的主动权。

技术创新对市场竞争的推动作用体现在多个方面。首先，技术创新能够打破市场垄断，推动市场结构的优化。在技术创新的推动下，新的竞争者进入市场，加剧了市场竞争，促使企业不断提高自身的竞争力。其次，技术创新能够推动产业升级和转型，引领市场发展的新趋势。通过技术创新，企业可以开发出具有更高附加值的产品，推动产业向高端化、智能化、绿色化方向发展。最后，技术创新还能够提高市场效率，降低交易成本，促进市场资源的优化配置。

（二）市场竞争对技术创新的推动作用

市场竞争对技术创新同样具有推动作用。市场竞争的激烈程度决定了企业技术创新的动力和压力。在激烈的市场竞争中，企业为了生存和发展，必须不断进行技术创新，提高产品的技术含量和附加值，以满足市场需求。同时，市场竞争还能够激发企业的创新意识和创新能力，推动企业不断寻求新的技术创新点，提高自身的核心竞争力。

市场竞争对技术创新的推动作用主要体现在以下几个方面。首先，市场竞争能够为企业提供丰富的市场需求信息，为企业技术创新提供方向和依据。企业可以根据市场需求的变化，及时调整技术创新的方向和重点，开发出更加符合市场需求的产品。其次，市场竞争能够为企业提供技术创新的动力和压力。在激烈的市场竞争中，企业为了保持或扩大市场份额，必须不断进行技术创新，提高产品的技术含量和附加值。最后，市场竞争还能够促进企业之间的合作与交流，推动技术创新成果的共享和转化。

（三）技术创新与市场竞争的相互作用

技术创新与市场竞争之间存在着相互作用的关系。技术创新能够推动市场竞争的加剧，而市场竞争又能够激发企业的创新意识和创新能力，推动技术创新的发展。这种相互作用的关系使得技术创新和市场竞争呈现出一种良性的循环状态。

在这种良性的循环状态下，技术创新和市场竞争相互促进、共同发展。技术创新为市场竞争提供了更多的创新产品和创新服务，推动了市场竞争的加剧；而市场竞争又为企业提供了更多的创新机会和创新动力，推动了技术创新的不断发展。这种相互作用的关系使得企业在技术创新和市场竞争中都能够获得更多的收益和成长。

（四）技术创新与市场竞争对企业发展的战略意义

技术创新与市场竞争对企业发展具有重要的战略意义。技术创新是企业获取竞争优势的关键手段，能够帮助企业提高产品质量、降低成本、优化服务，从而赢得市场竞争的主动权。同时，技术创新还能够推动产业升级和转型，引领市场发展的新趋势，为企业带来更大的发展空间和机遇。

市场竞争则是企业发展的重要外部环境。在激烈的市场竞争中，企业需要不断提高自身的竞争力和适应能力，以应对市场的变化和挑战。同时，市场竞争还能够为企业提供丰富的市场需求信息和创新机会，为企业技术创新提供方向和依据。因此，企业需要充分认识到技术创新与市场竞争的重要性，制定科学的发展战略和竞争策略，以应对市场的变化和挑战。

二、技术创新驱动的市场进入策略

（一）技术创新与市场定位

在技术创新驱动的市场进入策略中，市场定位是首要考虑的因素。技术创新能够为企业带来独特的产品特性和竞争优势，而这些特性需要准确地对应到目标市场的需求之中。企业应当深入分析目标市场的消费者需求、竞争格局及行业发展趋势，从而确定技术创新的方向和重点。通过技术创新，企业能够开发出满足市场需求、具有竞争力的产品，进而在市场中占据有利地位。

在定位过程中，企业需要注意以下几点：一是要精准把握目标市场的消费者需求，确保技术创新能够真正解决消费者的"痛点"；二是要分析竞争对手的产品和技术特点，寻找差异化竞争的突破口；三是要关注行业发展趋势和技术前沿，确保技术创新具有前瞻性和可持续性。

（二）技术创新与产品差异化

产品差异化是技术创新驱动市场进入的关键策略之一。通过技术创新，企业可以开发出具有独特功能和性能的产品，从而与竞争对手的产品形成明显的差异。这种差异不仅体现在产品的外观、功能等方面，更体现在产品的技术含量、用户体验等方面。产品差异化可以帮助企业在市场中树立独特的品牌形象，提高产品的知名度和美誉度，从而吸引更多的消费者。

为了实现产品差异化，企业需要加大技术研发投入，不断推动技术创新。同时，企业还需要关注消费者的反馈和需求变化，及时调整产品设计和开发方向，确保产品能够真正满足消费者的需求。此外，企业还可以通过与高校、科研机构等合作，共同研发新技术、新产品，提高产品的技术含量和竞争力。

（三）技术创新与营销策略

技术创新对营销策略的制定也有着重要的影响。技术创新可以为企业带来新的营销机会和渠道，同时也可以改变消费者的购买行为和决策过程。因此，在制定营销策略时，企业需要充分考虑技术创新的影响，制定与技术创新相适应的营销策略。

具体来说，企业可以通过以下几个方面来制定营销策略：一是要充分利用技术创新带来的产品差异化优势，突出产品的独特性和竞争力；二是要关注消费者的购买行为和决策过程变化，制定相应的营销策略以吸引消费者的关注；三是要积极开拓新的营销渠道和方式，如利用互联网、社交媒体等新媒体平台进行产品推广和销售；四是要加强品牌建设和管理，提高品牌的知名度和美誉度。

（四）技术创新与风险管理

技术创新驱动的市场进入策略也伴随着一定的风险。这些风险包括技术风险、市场风险、竞争风险等。为了降低这些风险，企业需要制定科学的风险管理策略。

在技术风险管理方面，企业需要加强技术研发和测试的投入，确保技术创新的可行性和稳定性。同时，企业还需要关注技术发展的动态和趋势，及时调整技术创新的方向和重点。在市场风险管理方面，企业需要深入分析市场需求和竞争格局的变化，制定相应的市场进入策略和产品定位策略。在竞争风险管理方面，企业需要关注竞争对手的动态和策略变化，制定相应的竞争应对策略。

此外，企业还需要建立健全的风险管理体系和机制，确保在技术创新和市场进入过程中能够及时识别、评估和控制风险。通过科学的风险管理策略，企业可以降低技术创新和市场进入的风险，提高市场进入的成功率和效果。

三、技术创新在市场竞争中的优势保持

（一）持续创新能力的构建

在市场竞争中，技术创新的优势保持首先依赖于企业持续创新能力的构建。持续创新能力是指企业在长期内不断产生新的技术思想、开发新技术并将其应用于产品、服务或管理过程中的能力。这种能力的构建需要企业从多个方面入手。

首先，企业需要建立完善的创新体系，包括研发机构、创新团队、创新机制等。通过设立专门的研发机构，引进和培养高水平的创新人才，构建开放、合作的创新机制，企业可以不断积累创新资源和经验，提高创新效率和质量。

其次，企业需要加大研发投入，确保创新活动的持续进行。研发投入是企业创新活动的重要支撑，只有足够的投入才能保障创新活动的顺利进行。企业应根据自身实际情况和市场需求，合理确定研发投入规模和方向，确保创新活动的持续性和有效性。

此外，企业还需要加强技术积累和知识产权保护。技术积累是企业技术创新的基础，通过不断的技术积累和更新，企业可以形成自身的技术优势和壁垒。知识产权保护则能够确保企业的创新成果得到充分保护，防止被竞争对手模仿和侵害。

（二）技术创新的战略匹配

技术创新在市场竞争中的优势保持还需要与技术创新的战略相匹配。技术创新的战略匹配是指企业将技术创新活动与自身的长期战略目标和发展规划相结合，确保技术创新活动的针对性和有效性。

为了实现技术创新的战略匹配，企业需要明确自身的长期战略目标和发展规划，并据此制订技术创新的方向和重点。同时，企业还需要关注行业发展趋势和市场变化，及时调整技术创新战略，确保技术创新活动与市场需求和竞争态势相适应。

此外，企业还需要加强技术创新与市场营销、产品管理、生产制造等环节的协同配合，确保技术创新成果能够顺利转化为实际的产品和服务，并在市场中得到充分的推广和应用。

（三）技术创新与市场需求的契合

技术创新在市场竞争中的优势保持还需要与市场需求相契合。市场需求是企业技术创新的重要导向，只有与市场需求相契合的技术创新才能真正发挥其优势。

为了实现技术创新与市场需求的契合，企业需要深入了解市场需求和消费者偏好，关注市场变化和趋势，及时调整技术创新的方向和重点。同时，企业还需要加强市场调研和分析，确保技术创新能够真正满足消费者的需求和期望。

此外，企业还需要加强与消费者的沟通和互动，了解消费者的反馈和建议，不断改进和优化产品和服务，提高消费者的满意度和忠诚度。

（四）技术创新的风险管理

技术创新在市场竞争中的优势保持还需要加强风险管理。技术创新过程中存在诸多风险，如技术风险、市场风险、竞争风险等，这些风险可能会对企业的创新成果和市场地位造成威胁。

为了加强风险管理，企业需要建立完善的风险管理机制和体系，对技术创新过程中的各种风险进行识别、评估和控制。同时，企业还需要加强风险预警和应对能力，及时发现和解决创新过程中的问题和隐患。

此外，企业还需要加强与合作伙伴、供应商等的合作与协调，共同应对技术创新过程中出现的各种风险和挑战。通过加强风险管理，企业可以降低技术创新的风险和不确定性，确保技术创新活动的顺利进行和成功实施。

四、技术创新与市场竞争中的合作与共赢

（一）技术创新的合作模式

在技术创新与市场竞争中，合作成了一种重要的策略，旨在实现资源共享、风险共担和优势互补。技术创新的合作模式多种多样，包括但不限于产学研合作、产业链上下游合作、跨国合作等。

产学研合作是技术创新中常见的合作模式，它通过整合高校、科研机构和企业等各方资源，共同开展技术研发和创新活动。这种合作模式能够充分

发挥各自的优势，加速技术创新成果的产出和应用。产业链上下游合作则注重在产业链内部形成紧密的合作关系，通过共同研发、共同生产等方式，提高整个产业链的竞争力。跨国合作则跨越国界，实现全球范围内的技术创新资源共享和优势互补。

在合作模式的选择上，企业需要根据自身实际情况和市场需求，灵活选择适合的合作模式。同时，企业还需要注意合作过程中的沟通和协调，确保合作各方都能够充分发挥各自的优势，实现共赢。

（二）合作在技术创新中的作用

合作在技术创新中发挥着重要的作用。首先，合作能够加速技术创新的速度和效率。通过合作，企业可以共享资源、互通有无，避免重复研发和资源浪费。同时，合作还能够汇聚各方智慧和力量，共同解决技术难题，提高技术创新的成功率。

其次，合作能够降低技术创新的风险。技术创新过程中存在诸多不确定性因素，如技术风险、市场风险、竞争风险等。通过合作，企业可以共同承担风险，降低单一企业承担的风险压力。此外，合作还能够加强企业之间的信息交流和沟通，提高企业对市场变化和竞争态势的敏感度，降低市场风险。

最后，合作还能够促进技术创新成果的转化和应用。技术创新成果的转化和应用是技术创新活动的最终目的。通过合作，企业可以共同开拓市场、推广产品，提高技术创新成果的转化率和市场接受度。同时，合作还能够加强企业之间的技术交流和合作，促进技术创新成果的共享和转化。

（三）合作在市场竞争中的优势

在市场竞争中，合作同样具有显著的优势。首先，合作能够增强企业的竞争力。通过合作，企业可以获取更多的资源和技术支持，提高产品质量和服务水平，从而增强企业的市场竞争力。同时，合作还能够加强企业之间的联合和协作，形成合力应对市场变化和竞争挑战。

其次，合作能够降低企业的成本。通过合作，企业可以共享资源、互通有无，降低研发、生产、销售等各个环节的成本。同时，合作还能够减少企业的市场投入和营销费用，提高企业的经济效益和盈利能力。

最后，合作还能够拓展企业的市场份额。通过合作，企业可以共同开拓市场、推广产品，扩大市场份额和影响力。同时，合作还能够加强企业之间的品牌合作和联合营销，提高品牌的知名度和美誉度。

（四）合作中的共赢策略

在技术创新与市场竞争中的合作中，共赢策略是实现合作成功的关键。共赢策略需要各方在合作过程中充分考虑对方的利益和需求，寻求共同点和利益交集，实现互利共赢。

为了实现共赢策略，企业需要加强沟通和协调，建立长期稳定的合作关系。同时，企业还需要注重合作中的公平和公正，避免利益分配不均和权力斗争等问题。此外，企业还需要加强知识产权保护和商业机密保密工作，确保合作过程中的技术成果和商业机密得到充分的保护。

总之，技术创新与市场竞争中的合作与共赢是一种重要的策略选择。通过合作，企业可以实现资源共享、风险共担和优势互补，提高技术创新的速度和效率，降低技术创新的风险和成本，增强企业的竞争力和市场份额。同时，合作中的共赢策略还能够促进各方利益的平衡和共享，实现企业长期的合作和发展。

第四章　市场结构与管理创新

第一节　市场结构的类型与特点

一、完全竞争市场的特点与条件

（一）完全竞争市场的特点

完全竞争市场，作为经济学理论中的一种理想化市场状态，其特点鲜明且独特。首先，完全竞争市场中的买者和卖者数量众多，且每个参与者对市场价格的影响微乎其微。这意味着市场价格的形成是由众多买者和卖者共同决定的，没有任何单个参与者能够独自左右市场价格。这种特性使得市场价格能够真实反映供需关系，实现资源的有效配置。

其次，完全竞争市场中的产品是同质的，即不同厂商生产的产品在质量、性能、外观等方面没有差异。这使得消费者在购买时无需考虑品牌、厂商等因素，只需根据价格进行选择。同时，对于生产者而言，也无需在产品差异化方面投入过多资源，可以专注于提高生产效率、降低成本。

再次，完全竞争市场中的资源可以自由流动，即厂商可以自由进入或退出市场，且资源可以在不同行业间自由转移。这种特性使得市场具有高度的灵活性，能够迅速适应供需关系的变化。当某个行业供过于求时，资源会流向其他行业；当某个行业供不应求时，新厂商会迅速进入市场。这种自由流动的资源使得市场始终保持活力，避免了垄断和产能过剩等问题的出现。

最后，完全竞争市场中的信息是充分的，即每个参与者都了解市场的全部信息，包括价格、供需状况、产品特点等。这使得市场参与者能够做出理性的经济决策，避免了由于信息不对称导致的市场失灵。同时，充分的信息也使得市场价格更加透明，有利于维护市场的公平竞争。

（二）完全竞争市场的条件

完全竞争市场的实现需要满足一定的条件。首先，市场上存在大量的买者和卖者，这是完全竞争市场的基础。只有当市场上存在足够多的参与者时，市场价格才能真实反映供需关系，实现资源的有效配置。

其次，产品是同质的，这是完全竞争市场的关键条件。只有产品同质，消费者在购买时才无需考虑品牌、厂商等因素，只需根据价格进行选择。同时，对于生产者而言，也无需在产品差异化方面投入过多资源，可以专注于提高生产效率、降低成本。

再次，资源可以自由流动，这是完全竞争市场的重要条件。只有资源可以自由流动，市场才能保持高度的灵活性，迅速适应供需关系的变化。当某个行业供过于求时，资源会流向其他行业；当某个行业供不应求时，新厂商会迅速进入市场。这种自由流动的资源使得市场始终保持活力，避免了垄断和产能过剩等问题的出现。

最后，信息是充分的，这是完全竞争市场的必要条件。只有信息充分，市场参与者才能做出理性的经济决策，避免了由于信息不对称导致的市场失灵。同时，充分的信息也使得市场价格更加透明，有利于维护市场的公平竞争。

总之，完全竞争市场作为一种理想化的市场状态，其特点鲜明且独特。要实现完全竞争市场，需要满足一定的条件，包括市场上存在大量的买者和卖者、产品是同质的、资源可以自由流动及信息是充分的。这些条件的满足可以使得市场实现资源的有效配置和公平竞争。

二、垄断竞争市场的特征与优势

（一）垄断竞争市场的特征

垄断竞争市场是介于完全竞争和完全垄断之间的市场结构，它兼具竞争和垄断的双重特性。首先，垄断竞争市场上的厂商数量众多，但每个厂商都生产具有差异性的产品。这种差异性可能源于产品的质量、功能、品牌、服务等方面，使得消费者在购买时能够区分不同厂商的产品。同时，由于产品的差异性，每个厂商都能够在一定程度上控制其产品的价格，并具有一定的市场影响力。

其次，垄断竞争市场的进出壁垒相对较低。厂商进入或退出市场相对容易，这主要取决于市场规模、技术门槛、资金需求等因素。较低的进出壁垒使得市场具有较大的灵活性，能够迅速适应市场变化。同时，新厂商的进入也能够为市场带来新的竞争活力，推动市场不断创新和进步。

再次，垄断竞争市场的价格机制较为特殊。由于产品差异性的存在，每个厂商都能够在一定程度上控制其产品的价格。然而，这种价格控制力是有限的，因为消费者在选择产品时会考虑价格、质量、品牌等多个因素。因此，厂商在制订价格时需要综合考虑市场需求、竞争状况、成本等多个因素，以实现利润最大化。

最后，垄断竞争市场的信息传递机制较为复杂。由于产品差异性的存在，消费者在选择产品时需要收集大量信息进行比较和评估。同时，厂商也需要通过广告、宣传等手段向消费者传递产品信息，以吸引消费者的注意力和提高产品的知名度。这种复杂的信息传递机制使得市场参与者需要付出更多的时间和精力来收集和处理信息。

（二）垄断竞争市场的优势

垄断竞争市场具有多方面的优势。首先，它能够促进产品创新和差异化。由于市场上存在众多生产差异化产品的厂商，这些厂商为了吸引消费者和提高市场份额，会不断进行产品创新和差异化。这种创新和差异化能够推动技术进步和产业升级，提高整个市场的竞争力和活力。

其次，垄断竞争市场能够提高市场效率。由于市场上存在众多厂商和产品，消费者可以根据自己的需求和偏好选择最合适的产品。这种多样化的选择能够使得市场资源得到更有效的配置和利用。同时，厂商之间的激烈竞争也能够推动厂商提高生产效率和降低成本，从而提高整个市场的效率。

再次，垄断竞争市场能够促进经济发展和社会进步。由于市场上存在众多厂商和产品，厂商之间需要不断进行技术创新和差异化竞争，这种竞争能够促进技术进步和产业升级。同时，消费者也能够享受到更多样化、更高质量的产品和服务，从而提高生活水平和福祉水平。

最后，垄断竞争市场还能够促进国际竞争和合作。随着全球化的深入发展，各国之间的经济联系日益紧密。在垄断竞争市场中，厂商需要面对来自国内外的竞争压力，这种压力能够促进厂商不断提高自身的竞争力和创新能力。同时，各国之间的经济合作和贸易往来也能够促进全球资源的优化配置和经济发展。

三、寡头市场的形成与影响

（一）寡头市场的形成

寡头市场，也被称为寡头垄断市场，是介于完全垄断和垄断竞争之间的一种市场结构，其中少数几家大型厂商控制了市场上大部分产品的生产和销售。其形成原因可以从多个方面进行分析。

首先，规模经济性是寡头市场形成的重要驱动力。某些产品的生产需要在相当大的生产规模上进行才能达到最佳经济效益。在这种情况下，大厂商由于具有更大的生产规模，能够实现更低的单位成本，从而在市场上占据优势地位。随着时间的推移，这些大厂商通过不断扩大生产规模，逐渐形成了对市场的控制。

其次，资源的有限性和稀缺性也促进了寡头市场的形成。在某些行业中，生产所需的根本生产资源（如原材料、技术专利等）的供应是有限的。如果几家厂商能够控制这些资源的供应，那么他们就能在市场上形成寡头地位。通过控制这些资源，他们可以限制新厂商的进入，从而保持自己在市场上的垄断地位。

此外，政府的扶持和支持也是寡头市场形成的重要因素之一。在某些情况下，政府可能会出于国家战略、产业政策等考虑，对特定行业中的几家大厂商给予扶持和支持，如提供税收优惠、资金支持等。这些政策使得这些大厂商在市场上具有更强的竞争力，进而形成寡头市场。

最后，技术创新和品牌建设也是寡头市场形成的重要推动力。通过技术创新和品牌建设，厂商可以提高产品的质量和差异化程度，从而吸引更多的消费者。同时，技术创新和品牌建设也需要大量的资金和资源投入，这使得只有少数几家大厂商能够承担得起这些投入，进而形成寡头市场。

（二）寡头市场的影响

寡头市场的形成对市场和经济产生了深远影响。

首先，从市场结构来看，寡头市场中的厂商数量较少，每个厂商在市场中都具有举足轻重的地位。这使得厂商之间的决策相互影响，形成了复杂的博弈关系。同时，由于厂商数量有限，市场竞争相对较弱，价格机制的作用也相对有限。

其次，从资源配置效率来看，寡头市场在一定程度上能够实现资源的有效配置。由于大厂商具有更强的生产能力和规模经济性，他们能够更高效地利用资源，实现生产成本的降低和效益的提高。然而，寡头市场也可能导致资源的浪费和效率低下。例如，如果厂商之间存在过度竞争或价格歧视等行为，就可能导致资源的无效配置和浪费。

再次，从消费者福利来看，寡头市场的影响具有双重性。一方面，大厂商具有更强的研发能力和创新能力，能够提供更好的产品和服务满足消费者的需求。另一方面，由于市场竞争相对较弱，厂商可能会提高产品价格或降低产品质量以获取更高的利润，从而损害消费者的利益。

最后，从经济发展和社会稳定来看，寡头市场的影响也是复杂的。一方面，大厂商具有更强的经济实力和影响力，能够推动产业升级和经济发展。另一方面，寡头市场也可能导致市场垄断和权力滥用等问题，从而对社会稳定和经济安全产生威胁。

四、完全垄断市场的控制与效率

（一）完全垄断市场的控制

完全垄断市场，作为市场结构的一种极端形式，其最显著的特征是市场上只有一个供应商，且该供应商所提供的产品或服务没有近似的替代品。这种市场结构使得垄断厂商能够完全控制市场价格、产量及市场准入条件，进而实现对其市场的全面控制。

在完全垄断市场中，垄断厂商对市场的控制主要体现在以下几个方面。首先，由于市场上没有其他竞争者，垄断厂商可以自主决定产品的价格，不必考虑竞争对手的反应。这种定价策略使得垄断厂商能够最大限度地追求利润最大化。其次，垄断厂商可以控制产品的产量，根据市场需求和自身生产能力的变化，灵活调整产量，以满足市场需求。最后，垄断厂商还可以控制市场准入条件，通过技术壁垒、资本壁垒等手段，阻止其他潜在竞争者进入市场，从而维护自身的垄断地位。

然而，完全垄断市场的控制也带来了一系列问题。首先，由于缺乏竞争压力，垄断厂商可能缺乏提高产品质量、降低生产成本的动力，导致市场效率下降。其次，垄断厂商可能会滥用其市场地位，通过提高价格、限制产量等手段，损害消费者利益。

（二）完全垄断市场的效率

完全垄断市场的效率问题一直备受关注。从资源配置的角度来看，完全垄断市场可能会导致资源配置的低效率。由于垄断厂商控制了市场价格和产量，他们可能会根据自身的利益最大化原则来决定产量和价格，而不是根据市场需求和供给状况来做出决策。这可能导致市场供需失衡，造成资源浪费和效率损失。

此外，完全垄断市场还可能影响生产效率。在缺乏竞争压力的情况下，垄断厂商可能缺乏提高生产效率的动力。他们可能会满足于现状，不愿意投入更多的资源进行技术创新和生产流程优化。这可能导致生产效率低下，无法满足市场需求。

从创新效率的角度来看，完全垄断市场也可能存在问题。由于垄断厂商控制了市场，他们可能缺乏进行技术创新和产品升级的动力。他们可能会依赖现有的技术和产品来维持其市场地位，而不是积极寻求新的技术和产品来满足市场需求。这可能导致技术创新缓慢，无法推动市场的持续发展。

然而，完全垄断市场在某些情况下也可能表现出一定的效率优势。例如，在某些自然垄断行业中，由于网络效应和规模经济性的存在，一个厂商提供服务可能比多个厂商提供服务更加经济高效。此外，在某些高科技行业中，由于技术壁垒和专利保护的存在，垄断厂商可能能够更有效地推动技术创新和产业升级。

（三）完全垄断市场的监管

针对完全垄断市场可能存在的问题，政府需要采取适当的监管措施来维护市场的公平竞争和效率。首先，政府可以通过制定反垄断法律和政策来限制垄断厂商的市场行为，防止他们滥用市场地位损害消费者利益。其次，政府可以通过鼓励竞争和引入新的竞争者来打破垄断厂商的垄断地位，提高市场的竞争程度。最后，政府还可以通过制定产业政策和标准来引导市场的发展方向，促进市场的健康发展。

（四）完全垄断市场的改革方向

为了进一步提高完全垄断市场的效率和社会福利水平，需要进行一系列的改革和创新。首先，可以推动市场竞争的加剧，通过引入新的竞争者、降低市场准入门槛等方式来打破垄断厂商的垄断地位。其次，可以加大市场监管和执法力度，防止垄断厂商滥用市场地位损害消费者利益。同时，还可以鼓励企业进行技术创新和产品升级，提高市场效率和创新水平。最后，可以通过制定更加合理的价格政策和税收政策来优化资源配置和提高社会福利水平。

第二节　不同市场结构下的管理策略

一、完全竞争市场下的管理策略

（一）完全竞争市场的特点分析

在完全竞争市场中，每个企业都面临着无数的竞争对手，其产品的价格完全由市场供求关系决定，企业没有能力影响市场价格。这种市场的特点是企业众多、产品同质化严重、市场进入和退出门槛低，以及市场信息透明度高。在这样的市场环境下，企业的管理策略必须紧密围绕这些特点来制定。

首先，由于企业众多，单个企业的影响力极为有限，因此，企业需要通过提高生产效率、降低成本、优化产品质量等手段来提升自身的竞争力。其次，产品同质化严重意味着消费者在购买时更注重价格因素，因此，企业需要通过有效的成本控制来确保价格优势。再次，市场进入和退出门槛低，意味着企业需要保持高度的灵活性和适应性，以便在市场发生变化时能够迅速调整经营策略。最后，市场信息透明度高要求企业必须重视品牌建设，通过提升品牌形象来增强消费者的忠诚度。

（二）成本控制策略

在完全竞争市场中，成本控制是企业管理的核心。企业需要通过提高生产效率、优化生产流程、降低原材料采购成本等方式来降低生产成本。同时，企业还需要关注管理费用和营销费用的控制，通过精细化管理来降低不必要的开支。在成本控制过程中，企业还需要注意保持与市场的紧密联系，确保成本控制策略与市场环境相适应。

（三）品质提升策略

在产品同质化严重的完全竞争市场中，品质提升是企业赢得消费者信任的关键。企业需要通过技术创新、工艺改进、原材料升级等方法来提升产品质量。同时，企业还需要注重服务品质的提升，通过提供优质的售前、售中和售后服务来增强消费者的满意度。在品质提升过程中，企业需要注重与消费者的沟通与交流，了解消费者的需求和期望，以便更好地满足消费者的需求。

（四）市场扩张策略

在完全竞争市场中，市场扩张是企业实现持续增长的重要途径。企业可以通过地理扩张、产品线扩张和渠道扩张等方式来扩大市场份额。地理扩张是指企业将产品推向更广阔的地域市场，以扩大销售网络；产品线扩张是指企业开发新的产品或服务，以满足更多消费者的需求；渠道扩张是指企业通过拓展销售渠道来提高产品的覆盖面和渗透率。在市场扩张过程中，企业需要注意保持与现有市场的稳定关系，确保在扩张过程中不会损害现有市场的利益。

（五）品牌建设策略

在完全竞争市场中，品牌建设是企业提高市场地位、增强消费者忠诚度的重要手段。企业需要通过广告宣传、公关活动、社会公益等方式来提升品牌形象。同时，企业还需要注重品牌文化的建设，通过独特的品牌文化来增强消费者的认同感和归属感。在品牌建设过程中，企业需要保持与消费者的互动和沟通，了解消费者的反馈和建议，以便不断完善自身品牌形象。

二、垄断竞争市场下的差异化策略

（一）垄断竞争市场的特性概述

在垄断竞争市场中，众多厂商生产相近但不同质量的商品，市场结构介于完全竞争和完全垄断之间。每个厂商都具有一定的市场影响力，但无法像完全垄断者那样控制市场价格。这种市场结构的特性要求企业采取差异化策略，以在激烈的市场竞争中脱颖而出。

在垄断竞争市场中，企业面临的主要挑战是如何在众多的竞争者中建立自己的独特优势，以吸引和保持消费者。差异化策略正是企业应对这一挑战的重要手段。通过实施差异化策略，企业可以在产品、服务、品牌等方面形成与竞争对手的显著差异，从而获得市场竞争优势。

（二）产品差异化策略

产品差异化是垄断竞争市场下差异化策略的核心。企业可以通过改进产品设计、提高产品质量、增加产品功能等方式来形成产品差异。这种差异不仅体现在产品的物理特性上，还体现在产品的性能、外观、包装等方面。通过产品差异化，企业可以满足不同消费者的需求，提高产品的市场竞争力。

在实施产品差异化策略时，企业需要深入了解市场需求和消费者偏好，确保产品差异与市场需求相匹配。同时，企业还需要关注竞争对手的产品策略，确保自身的产品差异具有独特性和竞争优势。此外，企业还需要注重产品的创新和升级，以保持产品差异的持续性和竞争力。

（三）服务差异化策略

服务差异化是垄断竞争市场下差异化策略的另一个重要方面。企业可以通过提供优质的服务来形成与竞争对手的差异。这种差异可以体现在售前咨询、物流配送、售后服务等方面。通过提供优质的服务，企业可以增强消费者的购买体验，提高消费者的满意度和忠诚度。

在实施服务差异化策略时，企业需要注重服务的质量和效率，确保服务能够满足消费者的需求。同时，企业还需要关注消费者的反馈和建议，不断改进服务内容和方式，提高服务的质量和水平。此外，企业还需要建立完善的服务体系和服务网络，以确保服务的及时性和便捷性。

（四）品牌差异化策略

品牌差异化是垄断竞争市场下差异化策略的重要组成部分。企业可以通过塑造独特的品牌形象和品牌文化来形成与竞争对手的差异。这种差异可以体现在品牌的定位、形象、价值观等方面。通过品牌差异化，企业可以增强消费者的品牌认知和品牌忠诚度，提高品牌的市场竞争力。

在实施品牌差异化策略时，企业需要注重品牌的塑造和传播。企业可以通过广告宣传、公关活动、社会公益等方式来传播品牌形象和品牌文化。同时，企业还需要注重品牌的维护和管理，确保品牌形象和品牌文化的稳定性和一致性。此外，企业还需要关注品牌的创新和发展，以保持品牌的活力和竞争力。

总之，在垄断竞争市场下，企业需要采取差异化策略来应对激烈的市场竞争。通过实施产品差异化、服务差异化和品牌差异化等策略，企业可以形成与竞争对手的显著差异，获得市场竞争优势。同时，企业还需要注重策略的实施和管理，确保策略的有效性和可持续性。

三、寡头市场下的合作与竞争策略

（一）寡头市场的特性与背景

寡头市场，指的是市场中仅存在少数几家大型企业，它们共同控制着绝大部分的市场份额。这些企业通常具有高度的市场影响力，其决策和行动对市场价格、产量及整个市场结构都有着显著的影响。在寡头市场中，由于企业数量有限，企业间的相互依存性较高，因此，合作与竞争并存成了市场的主导模式。

在这种市场环境下，企业面临着复杂的决策环境。一方面，它们需要通过竞争来获取更大的市场份额和利润；另一方面，它们也需要通过合作来避免过度竞争带来的负面影响，维护市场的稳定和自身的利益。因此，如何在合作与竞争之间找到平衡点，成了寡头企业面临的重要问题。

（二）合作策略的制定与实施

在寡头市场中，企业间的合作显得尤为重要。通过合作，企业可以共同制定市场规则、分享市场资源、降低生产成本、提高产品质量等，从而实现互利共赢。以下是一些常见的合作策略：

1. 资源共享

企业可以共同投资研发新技术、新产品，共享研发成果和市场信息，降低研发成本和风险。同时，企业也可以共享生产设备、销售渠道等资源，提高资源利用效率。

2. 市场协调

企业可以通过协商制定价格、产量等市场规则，避免过度竞争带来的负面影响。例如，企业可以共同制订价格区间和产量配额，以维持市场的稳定和自身的利益。

3. 战略联盟

企业可以通过建立战略联盟，共同开发新市场、新产品，实现优势互补和资源共享。战略联盟可以加强企业间的合作和信任，提高市场竞争力。

在实施合作策略时，企业需要注重合作关系的建立和维护。首先，企业需要选择合适的合作伙伴，确保合作能够带来实际的利益。其次，企业需要明确合作的目标和范围，避免合作过程中出现纠纷和冲突。最后，企业需要建立有效的沟通机制，确保合作过程中的信息畅通和决策协调。

（三）竞争策略的制定与实施

在寡头市场中，企业间的竞争同样不可避免。通过竞争，企业可以获取更大的市场份额和利润，提高自身在市场中的地位和影响力。以下是一些常见的竞争策略：

1. 差异化竞争

企业可以通过提供独特的产品或服务，形成与竞争对手的差异化优势。差异化竞争可以帮助企业吸引更多的消费者，提高市场份额和利润。

2. 成本领先竞争

企业可以通过提高生产效率、降低生产成本等方式，形成成本领先优势。成本领先竞争可以帮助企业在价格战中保持竞争优势，提高市场占有率。

3. 品牌竞争

企业可以通过塑造独特的品牌形象和品牌文化，提高消费者对品牌的认知度和忠诚度。品牌竞争可以帮助企业形成品牌溢价效应，提高产品的附加值和利润。

在实施竞争策略时，企业需要注重策略的有效性和可持续性。首先，企业需要深入了解市场和竞争对手的情况，确保策略的制定具有针对性和实效性。其次，企业需要注重策略的执行和调整，确保策略能够适应市场变化和企业发展的需要。最后，企业需要注重与合作伙伴的协调与配合，避免过度竞争对合作关系造成负面影响。

（四）合作与竞争的平衡与协调

在寡头市场中，合作与竞争并存是市场的主导模式。因此，企业需要在合作与竞争之间找到平衡点，实现两者的有效协调。以下是一些实现合作与竞争平衡与协调的建议：

1. 建立互信机制

企业间需要建立相互信任的机制，确保合作过程中的信息共享和决策协调。同时，企业也需要尊重竞争对手的合法权益，避免过度竞争对合作关系造成破坏。

2. 制定合理规则

企业间可以通过协商制定合理的市场规则，避免过度竞争带来的负面影响。规则制定需要考虑到市场情况和各方利益，确保规则的公正性和有效性。

3.加强沟通与协作

企业间需要加强沟通和协作，共同应对市场挑战和机遇。通过沟通和协作，企业可以共同制定市场策略、分享市场资源、降低生产成本等，实现互利共赢。

总之，在寡头市场下，企业需要注重合作与竞争的平衡与协调。通过制定有效的合作与竞争策略，企业可以在激烈的市场竞争中脱颖而出，实现自身的可持续发展。

四、完全垄断市场下的创新与效率提升

在完全垄断市场中，一家企业独占了整个市场，没有直接的竞争对手。这种市场结构对企业的创新与效率提升提出了独特的要求。以下将从创新动力、创新资源、创新模式及效率提升机制四个方面，深入分析完全垄断市场下的创新与效率提升策略。

（一）创新动力

在完全垄断市场下，企业由于缺乏直接的竞争对手，往往面临着较低的创新动力。然而，这并不意味着垄断企业无法进行创新。相反，垄断企业可以通过构建内部创新机制、设立创新奖励制度、培养创新文化等方式，激发员工的创新热情和积极性。同时，垄断企业也可以关注市场需求和消费者偏好，通过满足市场需求来推动创新。此外，政府也可以通过政策引导、税收优惠等方式，鼓励垄断企业进行创新活动。

（二）创新资源

在完全垄断市场下，垄断企业拥有较为丰富的创新资源。这些资源包括资金、技术、人才、信息等。为了充分利用这些资源，垄断企业需要建立完善的创新体系，加强研发团队建设，提高研发能力。同时，垄断企业还需要关注外部创新资源的获取和整合，通过合作研发、技术转移等方式，获取更多的创新资源。此外，垄断企业还可以利用自身的市场影响力，推动产业链上下游的创新合作，形成创新生态系统。

（三）创新模式

在完全垄断市场下，垄断企业可以采用多种创新模式来推动创新活动。首先，垄断企业可以通过自主研发的方式，进行技术突破和产品创新。这种创新模式需要企业具备强大的研发实力和创新能力。其次，垄断企业可以采用开放式创新模式，通过合作研发、技术联盟等方式，与外部创新资源进行互动和合作。这种创新模式可以帮助企业获取更多的创新资源，提高创新效率。此外，垄断企业还可以采用颠覆式创新模式，通过打破传统思维模式，挑战行业规则，推出具有颠覆性的新产品或服务。这种创新模式需要企业具备敏锐的市场洞察力和勇于冒险的精神。

（四）效率提升机制

在完全垄断市场下，垄断企业需要关注效率提升机制的建设。首先，垄断企业可以通过优化内部管理流程，提高决策效率和执行力。这包括建立科学的决策机制、完善内部沟通机制、加强员工培训等方面。其次，垄断企业可以通过引入市场竞争机制，激发企业的创新活力。例如，可以通过引入外部竞争力量、设立内部竞争机制等方式，推动企业不断提高生产效率和服务质量。此外，垄断企业还可以关注技术创新对效率提升的推动作用，通过引入新技术、新工艺等方式，提高生产效率和产品质量。同时，垄断企业还需要关注市场需求和消费者偏好的变化，及时调整产品和服务策略，以满足市场需求和消费者需求的变化。

综上所述，完全垄断市场下的创新与效率提升需要企业从创新动力、创新资源、创新模式及效率提升机制四个方面入手。通过构建内部创新机制、整合外部创新资源、采用多种创新模式及建设效率提升机制等方式，垄断企业可以在完全垄断市场下实现创新与效率的双重提升。

第三节　市场细分与目标市场选择

一、市场细分的原则

市场细分是企业制定营销策略的基础，它涉及将整体市场划分为若干个具有相似需求或特征的子市场。在进行市场细分时，需要遵循以下四个原则：

（一）可衡量性原则

可衡量性原则要求细分后的市场能够被客观地衡量和评估。这包括两个方面：一是市场的大小和规模能够被量化，以便企业了解每个细分市场的潜在价值；二是消费者的需求和特征能够被衡量，以便企业识别不同细分市场的消费者群体。通过可衡量性原则，企业可以确保市场细分的准确性和有效性，为后续的市场分析和营销策略制定提供有力支持。

在市场细分过程中，企业可以利用各种市场调研工具和数据分析方法，如问卷调查、访谈、数据分析等，来收集和分析相关信息。这些信息可以帮助企业了解消费者的需求、偏好、购买行为等，从而确定合适的细分变量和细分市场。

（二）可实现性原则

可实现性原则要求细分后的市场是企业能够进入并开展有效经营活动的市场。这包括两个方面：一是企业有足够的资源和能力来进入和占领该市场；二是该市场具有足够的规模和潜力，能够为企业带来经济效益。通过可实现性原则，企业可以确保所选的细分市场是符合自身实际情况和发展战略的。

在选择细分市场时，企业需要考虑自身的资源、能力、竞争优势等因素，以及市场的竞争状况、发展潜力等因素。只有确保所选的细分市场是企业能够进入并开展有效经营活动的市场，企业才能在竞争中取得优势并实现可持续发展。

（三）可营利性原则

可营利性原则要求细分后的市场具有足够的规模和购买力，使企业有利可图。这包括两个方面：一是该市场的消费者具有足够的购买力和购买意愿；二是该市场的规模和增长潜力足够大，能够为企业带来稳定的收入和利润。通过可营利性原则，企业可以确保所选的细分市场是具有经济价值的。

在评估细分市场的可盈利性时，企业需要考虑市场的消费者特征、购买行为、需求变化等因素，以及市场的竞争格局、发展趋势等因素。只有确保所选的细分市场具有足够的规模和购买力，企业才能在市场中获得竞争优势并实现盈利。

（四）可区分性原则

可区分性原则要求细分后的市场之间具有明显的区别和差异。这包括两个方面：一是不同细分市场之间的消费者需求和特征存在显著差异；二是不同细分市场之间的产品和服务具有不同的特点和优势。通过可区分性原则，企业可以确保所选的细分市场是独特的、易于识别的，并有利于企业制定针对性的营销策略的。

在区分不同细分市场时，企业可以根据消费者的需求、偏好、购买行为等因素进行划分，或者根据产品的特点、功能、价格等因素进行划分。通过明确的细分市场和独特的营销策略，企业可以更好地满足消费者的需求并提升市场竞争力。

二、目标市场选择的依据与标准

在市场营销策略中，目标市场的选择是一个至关重要的环节。它涉及企业资源的优化配置、市场定位的明确及竞争优势的构建。目标市场选择的依据与标准可以从以下四个方面进行深入分析：

（一）市场需求与消费者分析

市场需求是目标市场选择的首要依据。企业需要对目标市场的消费者进行深入分析，了解他们的需求、偏好、购买行为及消费习惯。这种分析有助于企业发现市场中的潜在机会，确定产品或服务的改进方向，以及制定有效的营销策略。

在分析市场需求时，企业可以采用市场调研、消费者调查等方法，收集消费者的基本信息、消费心理、购买意愿等数据。同时，企业还需要关注市场的变化趋势，如消费者需求的变化、市场规模的增长等，以便及时调整目标市场选择策略。

（二）竞争状况与竞争优势

竞争状况是目标市场选择的另一个重要依据。企业需要对目标市场的竞争状况进行全面分析，了解竞争对手的产品、价格、渠道、促销等方面的策略，以及它们的市场份额、市场地位等信息。这种分析有助于企业识别竞争中的威胁和机会，确定自身的竞争优势。

在选择目标市场时，企业应选择与自身竞争优势相匹配的市场。这意味着企业需要在目标市场中具有某种独特的优势，如技术领先、品牌知名度高、价格合理等，以便在竞争中脱颖而出。同时，企业还需要关注竞争对手的市场动态，以便及时调整自身的策略。

（三）资源与能力匹配

资源与能力匹配是目标市场选择的关键依据。企业需要评估自身的资源与能力，包括人力、物力、财力等方面的资源，以及研发、生产、销售等方面的能力。这种评估有助于企业确定自身在目标市场中的实力和地位，以及能够提供的产品或服务的质量和水平。

在选择目标市场时，企业应选择与自身资源与能力相匹配的市场。这意味着企业需要在目标市场中具有足够的资源与能力来支持其营销活动，并能够提供满足消费者需求的产品或服务。同时，企业还需要考虑自身的扩张能力和市场适应能力，以便在目标市场中实现可持续发展。

（四）市场增长与利润潜力

市场增长与利润潜力是目标市场选择的重要标准。企业需要评估目标市场的增长潜力和利润潜力，以便确定是否值得投入资源和精力。这种评估有助于企业避免进入增长缓慢或利润微薄的市场，确保自身的投资回报和长期发展。

在选择目标市场时，企业应关注市场的增长趋势和利润水平。这包括市场规模的增长、消费者需求的增长、市场竞争格局的变化等因素。同时，企业还需要考虑自身的成本结构和定价策略，以便在目标市场中实现盈利。

总之，目标市场选择的依据与标准涉及市场需求、竞争状况、资源与能力匹配以及市场增长与利润潜力等多个方面。企业需要综合考虑这些因素，选择最适合自身的目标市场，并制定相应的营销策略以实现市场目标和经营目标。

三、目标市场定位的策略与实施

在市场营销的实践中，目标市场定位是一项核心战略，它决定了企业如何在竞争激烈的市场中确立自身的独特地位，吸引并满足特定消费者群体的需求。以下从四个方面对目标市场定位的策略与实施进行深入分析。

（一）目标市场定位的策略规划

目标市场定位的策略规划是企业制定市场定位策略的首要步骤。在此阶段，企业需要明确自身的长期市场目标和愿景，以及为实现这些目标所需采取的行动计划。策略规划包括对市场趋势的预测、消费者需求的洞察、竞争对手的分析，以及企业自身资源和能力的评估。通过这些分析，企业可以识别出具有潜力的细分市场，并确定在这些市场中如何差异化竞争。

在策略规划过程中，企业应关注以下几个方面：一是明确目标市场的特点，包括市场规模、增长潜力、消费者需求等；二是分析竞争对手的市场定位和竞争策略，了解他们的优势和劣势；三是评估企业自身的资源和能力，确定能够支撑目标市场定位的关键要素；四是制定具体的市场定位策略，包括产品定位、价格定位、品牌定位等。

（二）目标市场定位的差异化策略

差异化策略是目标市场定位的核心。它要求企业在产品或服务上创造出与竞争对手不同的独特价值，以吸引和保留消费者。差异化策略可以体现在多个方面，如产品功能、设计、品质、价格、服务、品牌形象等。

在实施差异化策略时，企业应注重以下几个方面：一是深入了解目标消费者的需求和偏好，发现他们尚未被满足的需求点；二是分析竞争对手的优缺点，找出自身能够提供的独特价值；三是将差异化策略贯穿于整个产品或服务生命周期，从研发、生产到销售、服务等各个环节；四是加强内部沟通和协作，确保全体员工都能理解和执行差异化策略。

（三）目标市场定位的传播与执行

传播与执行是目标市场定位策略成功的关键。企业需要通过各种渠道和方式将定位信息传递给目标消费者，并确保这些信息在市场中得到广泛认可和接受。

在传播定位信息时，企业应注重以下几个方面：一是选择合适的传播渠道和方式，如广告、促销、公关活动等；二是确保传播信息的准确性和一致性，避免给消费者造成混淆或误解；三是加强品牌形象的塑造和维护，提高品牌的知名度和美誉度；四是建立有效的反馈机制，及时了解消费者对定位信息的反映和意见。

在执行定位策略时，企业应注重以下几个方面：一是加强内部管理和培训，确保员工能够理解和执行定位策略；二是优化生产和服务流程，提高产品或服务的质量和效率；三是加强与消费者的沟通和互动，建立稳定的客户关系；四是持续关注市场变化，及时调整和完善定位策略。

（四）目标市场定位的评估与调整

评估与调整是目标市场定位策略的最后一个环节。企业需要定期评估定位策略的实施效果，并根据市场变化和消费者需求的变化进行调整和优化。

在评估定位策略时，企业应关注以下几个方面：一是评估定位策略是否有效地吸引了目标消费者群体；二是评估定位策略是否提高了企业的市场份额和盈利能力；三是评估定位策略是否有助于企业建立独特的品牌形象和竞争优势。

在调整定位策略时，企业应注重以下几个方面：一是根据市场变化和消费者需求的变化进行灵活调整；二是加强内部沟通和协作，确保调整后的定位策略能够得到有效执行；三是持续优化生产和服务流程，提高产品或服务的质量和效率；四是持续关注竞争对手的动态，确保企业在竞争中保持领先地位。

四、市场细分与目标市场选择的案例分析

在市场营销的实际操作中，市场细分与目标市场选择是企业制定营销策略的基础，也是企业实现市场定位、提升竞争力的关键。以下从四个方面对市场细分与目标市场选择的案例分析进行阐述。

（一）市场细分的重要性与案例分析

市场细分是将整体市场划分为若干个具有相似需求或特征的子市场的过程，它的重要性在于帮助企业更准确地把握市场需求，制定更有针对性的营销策略。以某家专注于健康食品行业的企业为例，该企业通过市场调研发现，消费者对健康食品的需求存在显著的差异，如不同年龄段的消费者对营养成分、口感、价格等方面的要求不同。因此，该企业根据消费者的年龄、性别、收入水平等因素，将市场细分为多个子市场，并针对不同子市场的特点制定不同的营销策略。通过市场细分，该企业不仅提高了产品的市场占有率，还赢得了消费者的信赖和忠诚度。

（二）目标市场选择的依据与案例分析

目标市场选择是企业根据市场细分结果，选择适合自己发展的一个或多个子市场作为营销目标的过程。在选择目标市场时，企业需要综合考虑市场规模、增长潜力、竞争状况、消费者需求等因素。以一家专注于智能手机市场的企业为例，该企业通过对市场进行细分，发现年轻消费者群体对智能手机的需求最为旺盛，且该群体具有较高的消费能力和品牌忠诚度。因此，该企业将年轻消费者群体作为目标市场，并针对他们的特点推出了多款具有高性价比、时尚外观和丰富功能的智能手机产品。通过精准的目标市场选择，该企业成功赢得了年轻消费者的青睐，实现了市场的快速扩张。

（三）目标市场定位的策略与案例分析

目标市场定位是企业在目标市场中确定自身产品或服务的位置和特色，以区别于竞争对手的过程。在目标市场定位时，企业需要明确自身的竞争优势和差异化特点，并通过各种方式将这些特点传递给消费者。以一家专注于高端家电市场的企业为例，该企业通过深入研究消费者需求和市场趋势，发现消费者对高端家电产品的品质和外观要求极高。因此，该企业将自身定位为高端家电市场的领导者，并致力于提供高品质、高设计感的家电产品。为了突出自身的差异化特点，该企业不仅注重产品设计和品质的提升，还加强了品牌形象的塑造和宣传。通过精准的目标市场定位，该企业成功树立了高端家电市场的领导地位，赢得了消费者的认可和信赖。

（四）市场细分与目标市场选择的实践意义与案例分析

市场细分与目标市场选择的实践意义在于帮助企业更准确地把握市场需求和消费者心理，制定更有针对性的营销策略，提升市场竞争力。通过市场细分和目标市场选择，企业可以集中资源投入具有发展潜力的市场领域，提高资源的利用效率。同时，市场细分和目标市场选择还有助于企业建立稳定的客户关系，提高客户满意度和忠诚度。以某家专注于旅游市场的企业为例，该企业通过对旅游市场进行细分，发现家庭游市场具有较大的增长潜力和市场需求。因此，该企业将家庭游市场作为目标市场，并推出了多种适合家庭游的旅游产品和服务。通过精准的市场细分和目标市场选择，该企业成功吸引了大量家庭游客户，实现了市场的快速增长。同时，该企业还通过加强客户关系管理和服务创新，提高了客户满意度和忠诚度，进一步巩固了市场地位。

第四节　市场定位与品牌管理

一、市场定位的原则与步骤

市场定位是企业在竞争激烈的市场中确定自己产品或服务在目标消费者心目中的独特位置，从而塑造出区别于竞争对手的鲜明形象。以下从四个方面对市场定位的原则与步骤进行深入分析。

（一）市场定位的原则

1. 消费者需求导向原则

市场定位的核心在于满足消费者的需求。企业在进行市场定位时，必须深入了解目标消费者的需求、偏好和购买行为，确保定位策略能够精准地触达消费者的需求痛点。只有真正满足消费者的需求，才能在竞争激烈的市场中脱颖而出。

2. 竞争优势原则

市场定位的本质在于差异化竞争。企业需要在产品或服务上创造出与竞争对手不同的独特价值，以吸引和保留消费者。这种差异化可以体现在产品功能、品质、价格、服务、品牌形象等多个方面。企业需要通过市场调研和竞争分析，找到自身的竞争优势，并将其贯穿于整个市场定位过程中。

3. 可行性原则

市场定位的策略必须具有可行性。企业需要考虑自身的资源、能力、技术等因素，确保定位策略能够得到有效执行。同时，企业还需要考虑市场环境、政策法规等外部因素，确保定位策略符合市场规则和法律法规要求。

4. 可持续性原则

市场定位是一个长期的过程，需要企业持续投入资源和精力进行维护。因此，企业在制定市场定位策略时，需要考虑其可持续性。这包括产品生命周期的延续、品牌形象的长期维护及市场策略的持续创新等方面。

（二）市场定位的步骤

1. 确定目标市场

企业首先需要明确自己的目标市场，即要进入哪些细分市场，为哪些消费者群体提供服务。这需要对市场进行深入的调研和分析，了解不同细分市场的特点、规模、增长潜力及竞争状况等。

2. 分析竞争对手

在确定了目标市场之后，企业需要对竞争对手进行深入的分析。这包括了解竞争对手的产品、价格、渠道、促销等策略，以及竞争对手的市场份额、品牌知名度等。通过分析竞争对手，企业可以发现自身的优势和不足，为制定差异化策略提供依据。

3. 确定差异化因素

在分析了竞争对手之后，企业需要确定自身的差异化因素。这些因素可以是产品功能、品质、价格、服务、品牌形象等。企业需要根据自身的资源和能力，以及目标市场的需求和特点，选择最具竞争力的差异化因素。

4. 制定市场定位策略

在确定了差异化因素之后，企业需要制定相应的市场定位策略。这包括产品定位、价格定位、品牌定位等方面。企业需要确保这些策略能够准确传达出企业的差异化优势，并吸引目标消费者的关注。

5. 实施市场定位策略

制定好市场定位策略之后，企业需要将其付诸实践。这包括产品开发、生产、销售、推广等各个环节。企业需要确保这些环节都能够有效地传达出企业的差异化优势，并赢得消费者的认可和信任。

6. 评估与调整

市场定位是一个持续的过程，需要企业不断地进行评估和调整。企业需要密切关注市场的变化，包括消费者需求的变化、竞争对手的动态以及政策法规的变化等。根据这些变化，企业需要及时调整市场定位策略，确保始终保持竞争优势。

二、品牌管理的核心要素

品牌管理是企业实现长期竞争优势和可持续发展的关键。它涉及多个方面的要素，这些要素共同构成了品牌管理的核心。以下从四个方面对品牌管理的核心要素进行深入分析。

（一）品牌识别与形象塑造

品牌识别与形象塑造是品牌管理的重要组成部分，它们直接决定了品牌在消费者心目中的形象和认知。品牌识别是指消费者能够识别和记忆品牌的符号、标志、名称等元素，这些元素共同构成了品牌的独特身份。品牌形象则是消费者对品牌的整体印象和感知，它包括了品牌的个性、价值观、文化等多个方面。

在品牌识别与形象塑造过程中，企业需要注重以下几点：一是确保品牌识别的独特性和一致性，以便消费者能够轻松识别和记忆品牌；二是注重品牌形象的塑造和传播，通过广告、公关、营销等多种手段来塑造和传播品牌形象；三是关注消费者的需求和反馈，及时调整和优化品牌识别与形象塑造策略，以确保品牌始终与消费者保持紧密的联系。

（二）品牌价值与定位

品牌价值与定位是品牌管理的核心要素之一，它们决定了品牌在竞争市场中的位置和竞争优势。品牌价值是指品牌为消费者提供的独特价值，这种价值可以是功能性的、情感性的或象征性的。品牌定位则是企业在目标市场中为品牌确立的位置和角色，它反映了品牌在市场中的竞争地位和优势。

在品牌价值与定位过程中，企业需要注重以下几点：一是深入了解目标消费者的需求和偏好，确保品牌提供的价值能够满足消费者的期望；二是分析竞争对手的品牌策略和定位，找到与竞争对手不同的差异化优势；三是明确品牌的长期和短期目标，制定相应的营销策略，以确保品牌能够持续获得市场认可和竞争优势。

（三）品牌传播与维护

品牌传播与维护是品牌管理的重要环节，它们确保了品牌能够在市场中持续获得曝光和认可。品牌传播是指通过各种渠道和方式向消费者传递品牌信息的过程，这些渠道和方式可以包括广告、公关、社交媒体等多种手段。品牌维护则是指企业在品牌运营过程中，对品牌形象、声誉和消费者关系进行管理和维护的过程。

在品牌传播与维护过程中，企业需要注重以下几点：一是选择合适的传播渠道和方式，确保品牌信息能够精准地触达目标消费者；二是注重品牌形象的塑造和传播，通过积极的公关和营销活动来提升品牌形象和声誉；三是关注消费者的反馈和投诉，及时解决问题并建立良好的消费者关系；四是持续投入资源和精力进行品牌维护，确保品牌始终保持在竞争市场中的领先地位。

三、品牌形象的塑造与传播

品牌形象是企业在消费者心中形成的综合印象，它包含了品牌的价值观、个性、文化等多个方面。品牌形象的塑造与传播是企业实现品牌目标的重要手段，对于提升品牌知名度和美誉度具有重要意义。以下从四个方面对品牌形象的塑造与传播进行深入分析。

（一）品牌识别系统的构建

品牌识别系统是品牌形象的基石，它包括了品牌名称、标志、色彩、字体等元素。这些元素共同构成了品牌的独特身份，是消费者识别和记忆品牌的重要依据。在构建品牌识别系统时，企业需要考虑以下几点：

1. 独特性

品牌识别系统需要具有独特的个性和特征，以便在竞争激烈的市场中脱颖而出。企业可以通过研究目标消费者的需求和偏好，设计出符合他们审美和认知的品牌识别系统。

2. 一致性

品牌识别系统需要保持一致性，以便消费者能够形成对品牌的稳定印象。企业需要在各种传播渠道和场合中保持一致的品牌识别系统，包括品牌名称、标志、色彩、字体等元素的统一使用。

3. 简洁性

品牌识别系统需要简洁明了，以便消费者能够轻松识别和记忆。过于复杂或烦琐的识别系统会让消费者感到困惑和不安，降低品牌的识别度。

（二）品牌个性的塑造

品牌个性是品牌形象的重要组成部分，它反映了品牌的价值观和文化。品牌个性的塑造需要企业深入了解目标消费者的需求和偏好，找到与消费者共鸣的价值观和文化元素。在塑造品牌个性时，企业需要考虑以下几点：

1. 真实性

品牌个性需要真实反映企业的价值观和文化，不能虚构或夸大。只有真实的品牌个性才能赢得消费者的信任和尊重。

2. 独特性

品牌个性需要具有独特性，以便在竞争激烈的市场中脱颖而出。企业可以通过深入研究竞争对手的品牌个性，找到与竞争对手不同的差异化优势。

3. 持久性

品牌个性需要具有持久性，以便在长期的品牌运营中保持稳定。企业需要在品牌传播和营销活动中持续强调品牌个性，以确保消费者对品牌的认知保持一致。

（三）品牌信息的传播策略

品牌信息的传播是品牌形象塑造与传播的关键环节。企业需要选择合适的传播渠道和方式，将品牌信息准确地传递给目标消费者。在制定品牌信息传播策略时，企业需要考虑以下几点：

1. 目标受众

企业需要明确品牌信息的目标受众，以便选择合适的传播渠道和方式。不同的受众群体有不同的需求和偏好，企业需要根据受众的特点制定相应的传播策略。

2. 信息内容

企业需要确定品牌信息的内容，包括品牌的价值观、个性、文化等方面。信息内容需要具有吸引力和说服力，以便吸引消费者的关注和认同。

3. 传播渠道

企业需要选择合适的传播渠道，包括广告、公关、社交媒体等多种方式。不同的传播渠道有不同的特点和优势，企业需要根据受众的特点和传播目标选择合适的渠道。

（四）品牌形象的维护与管理

品牌形象的维护与管理是品牌形象塑造与传播的重要环节。企业需要持续关注消费者对品牌的认知和评价，及时发现问题并采取措施进行改进。在品牌形象维护与管理中，企业需要考虑以下几点：

1. 消费者反馈

企业需要关注消费者的反馈和投诉，及时解决问题并建立良好的消费者关系。消费者的反馈是了解品牌形象的重要来源，企业需要认真倾听并采取相应的措施。

2. 危机管理

企业需要制订危机管理计划，以应对可能出现的品牌形象危机。危机管理计划需要包括危机预警、应对和恢复等方面，以确保品牌形象的稳定和可持续发展。

3. 品牌更新

随着市场和消费者需求的变化，品牌也需要不断更新和进化。企业需要关注市场动态和消费者需求的变化，及时调整品牌策略和传播方式，以确保品牌始终保持活力和竞争力。

四、品牌管理与市场定位的关系

品牌管理与市场定位在企业的战略规划中占据着举足轻重的地位，二者之间相辅相成，共同塑造着企业的市场形象与竞争力。以下从四个方面深入分析品牌管理与市场定位的关系。

（一）品牌管理与市场定位的战略协同

品牌管理与市场定位在战略层面上具有高度的一致性。品牌管理旨在通过构建和维护品牌形象，实现品牌价值的最大化，而市场定位则是为了确保品牌在目标市场中占据有利位置，实现与竞争对手的差异化竞争。因此，品牌管理与市场定位需要在战略层面进行协同，确保二者目标一致、方向明确。

在战略协同的过程中，企业需要明确品牌的核心价值和目标市场，确保品牌管理活动能够紧密围绕这些核心要素展开。同时，市场定位也需要考虑品牌的核心竞争力和目标消费者的需求，确保定位策略能够准确反映品牌的独特价值和市场定位。

（二）品牌管理与市场定位的品牌形象塑造

品牌管理与市场定位在品牌形象塑造方面发挥着重要作用。品牌管理通过构建和维护品牌形象，传递品牌的价值观、个性和文化，使品牌在消费者心中形成独特的印象。而市场定位则是通过明确品牌在目标市场中的位置，塑造出与竞争对手不同的品牌形象。

在品牌形象塑造的过程中，品牌管理需要关注品牌的视觉识别、品牌传播和品牌体验等方面，确保品牌形象的独特性和一致性。同时，市场定位也需要考虑品牌的差异化优势和目标消费者的需求，确保品牌形象能够准确反映品牌的独特价值和市场定位。

（三）品牌管理与市场定位的市场细分与目标市场选择

品牌管理与市场定位在市场细分与目标市场选择方面密切相关。市场细分是将市场划分为不同的消费者群体，以便企业能够更好地了解消费者需求并制定相应的营销策略。而目标市场选择则是企业根据市场细分的结果，选择最适合自己品牌发展的消费者群体作为目标市场。

在品牌管理与市场定位的过程中，企业需要关注市场细分和目标市场选择的重要性。通过深入的市场调研和分析，企业可以了解不同消费者群体的需求和偏好，为品牌管理和市场定位提供有力支持。同时，企业还需要根据自身的资源和能力，选择最适合自己品牌发展的目标市场，确保品牌能够在目标市场中获得竞争优势。

（四）品牌管理与市场定位的持续优化与调整

品牌管理与市场定位是一个持续的过程，需要企业不断优化和调整以适应市场变化。随着消费者需求、竞争环境和市场趋势的变化，品牌管理和市场定位也需要不断更新和改进。

在持续优化与调整的过程中，企业需要关注市场变化对品牌管理和市场定位的影响，及时发现问题并采取措施进行改进。同时，企业还需要根据品牌的核心价值和目标市场的变化，调整品牌策略和市场定位策略，确保品牌能够始终保持在竞争市场中的领先地位。

总之，品牌管理与市场定位在企业的战略规划中密不可分，二者之间相辅相成、相互促进。企业需要明确品牌管理与市场定位的关系，并在实践中不断优化和调整策略，以确保品牌能够在竞争激烈的市场中获得成功。

第五节　市场竞争与合作策略

一、市场竞争策略的制定与实施

在日益激烈的市场竞争中，企业为了保持其竞争优势和市场份额，必须精心制定并有效实施市场竞争策略。以下从四个方面详细分析市场竞争策略的制定与实施。

（一）市场竞争策略制定的基础分析

在制定市场竞争策略之前，企业首先需要进行深入的基础分析。这包括了对行业环境的分析、对竞争对手的分析、对自身资源的评估及对目标市场的细分。行业环境分析旨在了解行业的整体趋势、市场容量、增长潜力及行业内的竞争格局。竞争对手分析则侧重于了解竞争对手的市场份额、产品特点、营销策略等，以便企业能够制定出更具针对性的竞争策略。自身资源评估则是对企业内部的资源、技术、管理、文化等方面的全面审视，以明确企业的优势和劣势。目标市场细分则是将市场划分为不同的消费群体，以便企业能够更精准地定位目标市场并制定相应的营销策略。

（二）市场竞争策略的具体制定

在基础分析的基础上，企业可以开始具体制定市场竞争策略。这包括了定位策略、产品策略、价格策略、渠道策略和促销策略等。定位策略是确定企业在市场中的位置，包括市场领导者、市场挑战者、市场追随者和市场补缺者等角色。产品策略则是根据目标市场的需求和竞争对手的情况，确定产品的设计、功能、质量、品牌等方面的策略。价格策略则是根据产品的成本、市场需求和竞争状况，确定产品的定价原则和方法。渠道策略则是选择适合企业的分销渠道，确保产品能够顺利进入目标市场。促销策略则是通过广告、销售促进、人员推销和公共关系等手段，提高产品的知名度和美誉度，吸引消费者的购买。

（三）市场竞争策略的实施与监控

制定好市场竞争策略后，企业需要将其付诸实践并进行有效的监控。实施市场竞争策略需要企业各部门的协同配合，确保各项策略能够得到贯彻执行。同时，企业还需要建立一套完善的监控机制，对市场竞争策略的实施效果进行持续跟踪和评估。监控机制应包括对市场趋势、竞争对手动态、产品销售情况、客户满意度等方面的监测和分析，以便企业能够及时发现问题并采取相应的措施进行调整和优化。

（四）市场竞争策略的持续优化与调整

市场竞争是一个动态变化的过程，企业需要不断适应市场环境的变化并优化调整市场竞争策略。这要求企业具备敏锐的市场洞察力和灵活应变的能力。当市场环境发生变化时，企业应及时调整市场定位、产品策略、价格策略、渠道策略和促销策略等，以确保企业能够保持竞争优势和市场份额。此外，企业还应不断学习和借鉴行业内外的成功经验和创新做法，不断提升自身的竞争力和创新能力。

总之，市场竞争策略的制定与实施是企业保持竞争优势和市场份额的关键。企业需要深入进行基础分析、具体制定市场竞争策略、有效实施与监控以及持续优化与调整等步骤，以确保市场竞争策略的有效性和可持续性。

二、合作策略在市场竞争中的作用

在激烈的市场竞争中，合作策略扮演着不可忽视的角色。合作不仅能够促进资源共享、优势互补，还能在提升品牌竞争力、降低市场风险等方面发挥重要作用。以下从四个方面详细分析合作策略在市场竞争中的作用。

（一）资源共享与优势互补

合作策略的首要作用在于实现资源共享与优势互补。在市场经济条件下，企业之间的资源分布往往不均衡，各自具有独特的优势和资源。通过合作，企业可以充分利用各自的资源，实现资源共享，从而提高资源利用效率。同时，企业之间通过优势互补，可以弥补自身的不足，增强整体竞争力。这种资源共享与优势互补的合作模式，有助于企业在激烈的市场竞争中获得更大的优势。

（二）降低市场风险与成本

合作策略在降低市场风险与成本方面也具有重要作用。在市场竞争中，企业面临着各种不确定性和风险，如市场风险、技术风险、财务风险等。通过合作，企业可以共同承担风险，降低单一企业面临的风险压力。此外，合作还能降低企业的运营成本。通过共享资源、共同研发、联合采购等方式，企业可以降低生产成本、研发成本和采购成本等，从而提高企业的盈利能力。

（三）提升品牌竞争力与市场份额

合作策略对于提升品牌竞争力和市场份额也具有重要意义。在市场竞争中，品牌竞争力是企业获得市场份额的关键因素。通过合作，企业可以共同打造品牌，提升品牌的知名度和美誉度。同时，合作还能帮助企业拓展市场渠道，提高产品的市场覆盖率。这种合作模式有助于企业扩大市场份额，提高市场占有率。

（四）促进创新与技术进步

合作策略在促进创新与技术进步方面也发挥着重要作用。在科技日新月异的今天，创新已成为企业发展的重要驱动力。通过合作，企业可以共同研发新技术、新产品，推动科技进步和产业升级。这种合作模式有助于企业保持技术领先地位，提高产品的技术含量和附加值。同时，合作还能促进企业之间的知识共享和经验交流，激发企业的创新活力，推动行业整体创新能力的提升。

综上所述，合作策略在市场竞争中扮演着重要角色。通过实现资源共享、优势互补，降低市场风险与成本，提升品牌竞争力与市场份额，以及促进创新与技术进步等方面的作用，合作策略为企业提供了有效的竞争手段和发展途径。因此，在市场竞争日益激烈的今天，企业应积极探索和实践合作策略，以应对市场挑战，实现可持续发展。

三、竞争与合作的关系与平衡

在复杂多变的市场环境中，竞争与合作并非孤立存在，而是相互交织、相互影响的两个重要方面。正确地理解和处理竞争与合作的关系，对于企业的长期发展至关重要。以下从四个方面详细分析竞争与合作的关系与平衡。

（一）竞争与合作的对立统一

竞争与合作在表面上看似对立，但实际上它们是相互统一、相互依存的。竞争是企业间为了争夺市场份额、资源、技术等而进行的斗争，它推动着企业不断创新、提高效率、降低成本，从而保持竞争优势。而合作则是企业间为了实现共同目标、分享资源、互补优势而进行的协作，它有助于企业降低风险、扩大市场份额、提高品牌竞争力。因此，竞争与合作并非简单的对立关系，而是相互依存、相互促进的。

在市场竞争中，企业需要根据自身实际情况和市场环境，灵活运用竞争与合作策略。在需要保持竞争优势的领域，企业应积极参与竞争，通过创新、提高效率等方式保持领先地位；而在需要共同发展的领域，企业则应寻求合作，通过资源共享、优势互补等方式实现共赢。这种对立统一的竞争与合作关系，有助于企业在市场中保持灵活性和适应性。

（二）竞争与合作的平衡发展

在市场竞争中，过度强调竞争或过度依赖合作都是不可取的。过度强调竞争可能导致企业陷入恶性竞争、资源浪费等困境；而过度依赖合作则可能使企业失去独立性和自主性。因此，企业需要寻求竞争与合作的平衡发展。

在平衡发展的过程中，企业需要根据市场环境、自身实力和目标定位等因素，制定合理的竞争与合作策略。在竞争方面，企业应注重提升自身实力、创新能力和市场适应能力；在合作方面，企业应注重选择合作伙伴、建立长期稳定的合作关系、实现资源共享和优势互补。通过竞争与合作的平衡发展，企业可以在市场中保持稳健的增长态势。

（三）竞争与合作的动态调整

市场竞争环境在不断变化，企业需要根据市场变化动态调整竞争与合作策略。在市场需求旺盛、竞争激烈的情况下，企业应更加注重竞争策略的制定和实施；而在市场需求疲软、竞争加剧的情况下，则应更加注重合作策略的运用。

此外，企业还需要根据竞争对手的动向和自身实力的变化，及时调整竞争与合作策略。当竞争对手实力强大、市场份额较高时，企业应更加注重提升自身实力、创新能力和市场适应能力；而当竞争对手实力较弱、市场份额较低时，则应更加注重合作策略的运用，通过资源共享和优势互补实现共赢。

（四）竞争与合作的文化建设

企业文化对于竞争与合作的关系与平衡具有重要影响。一个积极向上的企业文化能够激发员工的创新精神和协作精神，促进企业间的合作与共赢；而一个消极的企业文化则可能导致企业陷入恶性竞争、资源浪费等困境。

因此，企业需要注重文化建设，培养积极向上的企业文化。在文化建设过程中，企业应注重培养员工的竞争意识和合作精神，建立公平、公正、透明的竞争机制，鼓励员工积极参与市场竞争和合作。同时，企业还应注重加强与其他企业的交流与合作，共同推动行业的健康发展。

综上所述，竞争与合作在市场竞争中相互依存、相互促进。企业需要正确理解和处理竞争与合作的关系，实现竞争与合作的平衡发展，并根据市场变化动态调整竞争与合作策略。同时，企业还需要注重文化建设，培养积极向上的企业文化，为竞争与合作的关系与平衡提供有力支持。

第五章　人力资源管理与经济绩效

第一节　人力资源管理的重要性

一、人力资源作为核心竞争力的角色

在当今的商业世界中，人力资源已经不仅仅被视为企业的运营成本，而是被赋予了更为重要的角色——作为企业的核心竞争力。以下从四个方面详细分析人力资源作为核心竞争力的角色。

（一）人力资源的战略价值

人力资源是企业实现战略目标的关键要素，具有不可忽视的战略价值。企业的人力资源策略需要与企业的整体战略相协调，以确保企业能够吸引、留住和激励那些具备关键技能和知识的人才。这些人才不仅能够帮助企业实现短期目标，还能够为企业的长期发展提供源源不断的动力。

首先，优秀的人力资源团队能够精准地识别企业的战略需求，从而制订相应的人力资源计划。其次，人力资源部门通过招聘、选拔、培训等方式，为企业输送符合战略需求的人才。最后，人力资源部门还通过绩效管理和激励机制，确保员工能够充分发挥其潜力，为企业创造更大的价值。

（二）人力资源的创新与创造力

在当今这个创新驱动的时代，人力资源的创新与创造力是企业持续发展的关键。拥有一支具备创新思维和创造力的员工队伍，企业能够在激烈的市场竞争中脱颖而出。

首先，人力资源部门需要营造一个鼓励创新、包容失败的文化氛围，让员工敢于尝试新的想法和方法。其次，企业需要通过培训和激励机制，提升员工的创新能力和技能水平。此外，企业还可以通过与高校、科研机构等外部机构合作，引入外部的创新资源和人才，以提升企业整体的创新水平。

（三）人力资源的凝聚力与团队精神

凝聚力与团队精神是企业保持竞争力的重要因素。一个团结、协作的团队能够共同面对挑战、克服困难，为企业创造更大的价值。

人力资源部门在塑造团队精神和凝聚力方面发挥着关键作用。首先，人力资源部门需要通过制定公平、公正的薪酬和福利政策，确保员工得到应有的回报和认可。其次，人力资源部门还需要通过组织各种团队建设活动、文化娱乐活动等方式，增进员工之间的沟通和交流，提升团队的凝聚力。此外，人力资源部门还需要关注员工的心理健康和职业发展，为员工提供必要的支持和帮助，确保员工能够全身心地投入工作中。

（四）人力资源的适应性与灵活性

随着市场环境的不断变化和技术的快速发展，企业需要具备高度的适应性和灵活性以应对各种挑战。人力资源部门在提升企业的适应性和灵活性方面发挥着重要作用。

首先，人力资源部门需要密切关注市场动态和技术发展趋势，及时调整企业的人力资源策略。其次，人力资源部门需要制定灵活的人才管理政策，如弹性工作时间、远程办公等，以满足员工的不同需求和提高员工的工作满意度。此外，人力资源部门还需要通过培训和转岗等方式，帮助员工适应新的工作要求和挑战，提升企业的整体适应能力。

综上所述，人力资源作为企业的核心竞争力具有不可替代的作用。通过充分发挥人力资源的战略价值、创新与创造力、凝聚力与团队精神以及适应性与灵活性等方面的优势，企业能够在激烈的市场竞争中立于不败之地。

二、人力资源管理对企业绩效的影响

人力资源管理在现代企业中扮演着至关重要的角色，其对企业绩效的影响深远而广泛。以下从四个方面详细分析人力资源管理对企业绩效的影响。

（一）招聘与选拔：构建高效团队的基础

人力资源管理在招聘与选拔环节中的有效性直接决定了企业能否构建一支高效、专业的团队。一个合理的招聘流程能够确保企业吸引到具备所需技能和潜力的员工，为企业的发展注入新的活力。同时，科学的选拔机制能够确保企业招到最适合岗位需求的人才，避免人才错配带来的资源浪费和效率降低。

高效的招聘与选拔不仅有助于提升员工个体的工作效率，还能够促进团队成员之间的协作与配合，形成强大的团队合力。这种合力能够推动企业实现更高的绩效目标，并在市场竞争中保持领先地位。因此，人力资源管理在招聘与选拔环节中的成功实践，是企业实现高绩效的重要基础。

（二）培训与发展：提升员工能力与企业竞争力

人力资源管理通过培训与发展活动，不断提升员工的专业技能和综合素质，使员工能够更好地适应市场需求和企业发展需要。这种培训与发展不仅有助于员工个人职业生涯的发展，还能够提升企业的整体竞争力。

在培训与发展方面，人力资源管理需要关注员工的个性化需求和发展潜力，制订个性化的培训计划和发展路径。通过针对性的培训和发展活动，员工能够不断提升自己的专业技能和综合素质，为企业的发展贡献更多的价值。同时，企业也能够通过培训与发展活动，增强员工的归属感和忠诚度，降低员工流失率，保持企业的稳定运营。

（三）绩效管理：激励员工与企业共同发展

绩效管理是人力资源管理中的重要环节，它通过建立科学的绩效评价体系和激励机制，激发员工的工作积极性和创造力，推动企业与员工共同发展。

在绩效管理方面，人力资源管理需要关注员工的工作表现和发展潜力，制定公正的绩效评价标准和方法。通过定期的绩效评估和反馈，员工能够清晰地了解自己的工作表现和不足之处，并有机会进行改进和提升。同时，企业也能够根据员工的绩效表现，给予相应的奖励和晋升机会，激发员工的工作积极性和创造力。

有效的绩效管理不仅能够提升员工的工作效率和质量，还能够增强员工的归属感和忠诚度，促进企业与员工之间的和谐关系。这种和谐关系有助于企业形成良好的企业文化和品牌形象，提升企业的整体竞争力。

（四）劳动关系管理：构建和谐稳定的用工环境

劳动关系管理是人力资源管理中的基础性工作，它通过建立和谐的劳动关系，保障员工的合法权益，增强员工的归属感和忠诚度，为企业的稳定运营和发展提供有力保障。

在劳动关系管理方面，人力资源管理需要关注员工的利益诉求和发展需求，制定公正合理的用工政策和福利待遇。通过加强与员工的沟通和交流，及时解决员工在工作中遇到的问题和困难，增强员工的信任感和满意度。同时，企业还需要遵守相关法律法规和道德规范，确保用工行为的合法性和道德性。

和谐的劳动关系能够为企业创造一个稳定、积极的用工环境，有助于员工更好地发挥自身潜力，为企业的发展贡献更多的价值。同时，这种和谐的劳动关系还能够增强企业的社会形象和声誉，提升企业的整体竞争力。

三、人力资源管理在现代企业中的地位

在现代企业中，人力资源管理已不再是简单的招聘、培训和薪酬管理等传统职能，而是成了企业战略规划和执行中不可或缺的一部分。以下从四个方面详细分析人力资源管理在现代企业中的地位。

（一）战略伙伴与决策支持

在现代企业中，人力资源管理部门已逐渐从后勤支持角色转变为战略伙伴，与企业的其他业务部门和高层管理层紧密合作，共同制定和执行企业战略。人力资源管理部门通过深入了解企业的业务需求和目标，提供关于人力资源的洞见和建议，为企业的战略决策提供有力支持。

首先，人力资源管理部门通过制订人力资源战略计划，确保企业的人力资源配置与战略目标保持一致。其次，人力资源管理部门通过提供员工绩效数据和劳动力市场趋势等信息，帮助企业更好地评估业务环境和制定相应策略。最后，人力资源管理部门还通过参与企业战略规划过程，确保人力资源政策与企业整体战略相协调，为企业的发展提供有力保障。

（二）员工发展与组织文化的塑造者

人力资源管理部门在现代企业中扮演着员工发展与组织文化塑造者的角色。通过设计有效的培训计划和发展路径，人力资源管理部门能够提升员工的专业技能和综合素质，增强企业的整体竞争力。同时，通过制定和推广企业的价值观和文化理念，人力资源管理部门能够塑造一个积极向上的组织氛围，增强员工的归属感和忠诚度。

在员工发展方面，人力资源管理部门需要关注员工的个性化需求和发展潜力，提供有针对性的培训和发展机会。同时，还需要建立完善的绩效评估体系，确保员工能够得到公正的评价和激励。在组织文化塑造方面，人力资源管理部门需要深入了解企业的核心价值观和文化理念，并通过各种渠道进行传播和推广，使之成为员工的共同信仰和行为准则。

（三）变革推动者与风险管理者

随着市场环境的不断变化和企业竞争的加剧，企业需要不断适应和应对各种变革和挑战。在这个过程中，人力资源管理部门发挥着变革推动者和风险管理者的角色。

作为变革推动者，人力资源管理部门需要密切关注市场动态和技术发展趋势，及时制定和调整人力资源策略，以适应企业的变革需求。同时，还需要通过培训和发展活动，提升员工的适应能力和创新能力，推动企业实现持续创新和发展。作为风险管理者，人力资源管理部门需要关注各种潜在的风险和挑战，制定相应的风险应对策略和措施，确保企业的稳定运营和发展。

（四）社会责任与道德标准的守护者

在现代企业中，人力资源管理部门还承担着社会责任和道德标准的守护者的角色。企业需要遵守相关的法律法规和道德规范，确保用工行为的合法性和道德性。同时，还需要关注员工的权益和福利，保障员工的合法权益不受侵害。

人力资源管理部门需要制定和执行符合法律法规和道德规范的人力资源政策，确保企业的用工行为合法合规。同时，还需要关注员工的权益和福利，建立完善的劳动保障制度和福利待遇体系，为员工提供一个良好的工作环境和福利保障。此外，企业还需要积极参与社会公益事业和环保活动，履行企业的社会责任和义务，为社会的可持续发展做出贡献。

四、人力资源管理的发展趋势

随着全球化和科技的不断进步，HRM（人力资源管理）领域正经历着前所未有的变革。以下从四个方面详细分析人力资源管理的发展趋势。

（一）数字化转型与智能化应用

随着大数据、云计算、人工智能等技术的快速发展，人力资源管理正逐步实现数字化转型和智能化应用。传统的 HRM 流程，如招聘、培训、绩效评估等，正在被更高效、更精准的数字化工具所替代。企业可以通过分析员工数据，了解员工需求，优化人才配置，提高员工满意度和绩效。

此外，智能化应用也在逐渐改变 HRM 的工作方式。AI 技术在招聘、面试、培训等方面发挥着越来越重要的作用。例如，AI 可以自动化筛选简历，提高招聘效率；通过自然语言处理技术，AI 可以协助面试官进行面试评估，提高评估的准确性；AI 还可以根据员工的学习习惯和绩效数据，推荐个性化的培训内容，增强培训效果。

（二）以人为本与人才多元化

在人力资源管理中，员工是企业最重要的资源。因此，以人为本的管理理念将越来越受到重视。这意味着企业需要关注员工的需求、动机和发展，为员工提供更加灵活、个性化的工作环境和福利待遇，以吸引和留住人才。

同时，随着全球化的深入和市场竞争的加剧，企业需要拥有多元化的人才队伍来应对各种挑战。因此，人力资源管理将更加注重人才的多元化和包容性。企业需要打破传统的招聘和选拔模式，积极招聘不同背景、不同文化、不同能力的人才，以构建多元化的人才队伍。

（三）持续学习与职业发展

在知识经济时代，知识和技能的更新速度越来越快。因此，企业需要为员工提供持续学习和职业发展的机会，以帮助员工不断提升自己的能力和竞争力。

人力资源管理部门将更加注重员工的培训和发展，制订个性化的培训计划和发展路径。同时，企业还将鼓励员工参与外部培训和学术交流活动，以拓宽视野和知识面。此外，企业还可以通过建立内部导师制度、组织内部竞赛等方式，激发员工的学习热情和创新能力。

（四）灵活用工与远程工作

随着移动互联网和云计算技术的普及，灵活用工和远程工作已成为一种趋势。企业可以通过使用零工市场、众包平台等方式，灵活雇佣短期或兼职员工来满足业务需求。这种用工方式可以降低企业的用人成本，提高用工效率。

同时，远程工作也成为越来越多企业和员工的选择。员工可以根据自己的实际情况选择在家或其他地方工作，以提高工作效率和生活质量。企业需要制定相应的远程工作政策和管理制度，以确保远程工作的顺利进行和员工的绩效。

总之，人力资源管理的发展趋势呈现出数字化转型与智能化应用、以人为本与人才多元化、持续学习与职业发展及灵活用工与远程工作等特点。企业需要紧跟时代步伐，不断创新和改进人力资源管理模式，以适应不断变化的市场环境和业务需求。

第二节　人才招聘与选拔

一、人才招聘策略与流程设计

在现代企业管理中，人才招聘策略和流程设计是构建高效团队、推动企业持续发展的关键环节。以下从四个方面对人才招聘策略与流程设计进行详细分析。

（一）招聘策略的制定

招聘策略的制定是人才招聘的第一步，它需要根据企业的战略目标、组织结构和岗位需求来确定。首先，招聘策略要与企业的发展战略相匹配。企业需要明确自己的长期目标和短期目标，从而确定所需人才的数量、质量和类型。其次，招聘策略要适应企业的组织结构。不同的组织结构对人才的要求不同，招聘策略需要针对具体的岗位需求进行定制。最后，招聘策略要关注市场环境和行业趋势。企业需要了解人才市场的供需情况，以及竞争对手的招聘策略，从而制定更具竞争力的招聘策略。

在制定招聘策略时，企业还需要考虑招聘渠道的选择。不同的招聘渠道有不同的特点和优势，企业需要根据自身情况选择合适的招聘渠道，如招聘网站、社交媒体、校园招聘等。此外，企业还可以利用内部推荐、猎头公司等渠道来寻找更合适的人才。

（二）招聘流程的设计

招聘流程的设计是确保招聘活动顺利进行的关键。一个完整的招聘流程包括确定招聘需求、发布招聘信息、筛选简历、面试、评估、录用等环节。在设计招聘流程时，企业需要注重流程的规范性和高效性。

首先，确定招聘需求是招聘流程的第一步。企业需要根据岗位需求和人才市场的状况，明确所需人才的数量、质量和类型。其次，发布招聘信息是吸引人才的关键环节。企业需要选择合适的招聘渠道，发布具有吸引力的招聘信息，以吸引更多的求职者。在筛选简历环节，企业需要制定明确的筛选标准，确保筛选出符合岗位要求的候选人。面试环节是评估候选人能力和素质的重要环节，企业需要设计合理的面试流程和评估标准，以确保评估结果的准确性和公正性。最后，在评估和录用环节，企业需要综合考虑候选人的能力、素质、经验等因素，做出合理的录用决策。

（三）招聘流程的优化

随着企业发展和市场环境的变化，招聘流程也需要不断优化。优化招聘流程可以提高招聘效率和质量，降低招聘成本。在优化招聘流程时，企业可以从以下几个方面入手：

1. 简化流程

通过减少不必要的环节和步骤，缩短招聘周期，提高招聘效率。

2. 自动化处理

利用信息技术手段，实现简历筛选、面试安排等环节的自动化处理，降低人力成本。

3. 多元化评估

采用多种评估方式和方法，如笔试、面试、案例分析等，全面评估候选人的能力和素质。

4. 持续改进

根据招聘结果和反馈，不断改进和优化招聘流程，提高招聘效果。

（四）招聘策略与流程的协同

招聘策略和流程的协同是确保招聘活动成功的关键。企业需要确保招聘策略与流程相互匹配、相互支持。在制定招聘策略时，企业需要充分考虑流程的可操作性和高效性；在设计招聘流程时，企业需要确保流程能够充分体现招聘策略的要求。同时，企业还需要建立有效的沟通机制，确保招聘策略和流程能够得到有效执行和调整。

总之，人才招聘策略和流程设计是企业管理中不可或缺的一环。企业需要制定符合自身情况的招聘策略，设计合理的招聘流程，并不断优化和改进招聘策略和流程，以确保招聘活动的顺利进行和企业的持续发展。

二、候选人评估与筛选方法

在人力资源管理中，候选人评估与筛选是确保企业招聘到合适人才的重要环节。以下从四个方面对候选人评估与筛选方法进行详细分析。

（一）明确评估标准与要求

在进行候选人评估与筛选时，首先需要明确评估的标准与要求。这些标准与要求应基于岗位的实际需求，包括技能、经验、能力、性格特质等多个方面。同时，标准与要求应具有可衡量性，以便在评估过程中能够客观、公正地评价候选人。

明确评估标准与要求的过程中，企业可以通过岗位分析、市场调研、员工反馈等多种途径获取相关信息。这些信息有助于企业了解岗位所需的核心技能和素质，从而制定更为科学合理的评估标准。此外，企业还需要根据行业趋势和企业战略的变化，不断调整和优化评估标准与要求，确保招聘到的人才能够满足企业的长期发展需求。

（二）多元化评估方法的应用

在评估候选人时，企业应采用多元化的评估方法，以确保评估结果的全面性和准确性。常用的评估方法包括简历筛选、笔试、面试、案例分析、模拟操作等。每种方法都有其独特的优势和适用场景，企业需要根据实际情况选择合适的评估方法。

简历筛选是初步了解候选人基本情况的重要环节，企业可以通过对简历的细致分析，初步判断候选人是否符合岗位需求。笔试是评估候选人专业知识和基本能力的重要手段，可以通过设定合理的题型和难度，全面考查候选人的知识储备和思维能力。面试是评估候选人综合素质和适应能力的关键环节，企业可以通过与候选人的面对面交流，深入了解候选人的性格特点、沟通能力、团队协作能力等。案例分析和模拟操作则更侧重于评估候选人的实践能力和解决问题的能力，可以帮助企业更准确地判断候选人是否具备胜任岗位所需的素质。

（三）注重能力与潜质的平衡

在评估候选人时，企业不仅要关注候选人的现有能力和经验，还要注重其潜质的评估。一个优秀的候选人不仅应具备岗位所需的基本能力和素质，还应具备持续学习和成长的潜力。因此，在评估过程中，企业需要关注候选人的学习能力、适应能力、创新能力等潜质因素，以便更好地判断其未来的发展潜力和价值。

为了更准确地评估候选人的潜质，企业可以采用心理测试、素质模型等方法。心理测试可以通过科学的评估工具，深入了解候选人的性格特点、价值观、动机等心理因素；素质模型则可以通过对岗位所需的核心素质和能力的梳理，构建出符合岗位要求的素质模型，进而评估候选人的匹配度和发展潜力。

（四）评估结果的反馈与应用

在完成候选人评估后，企业需要及时将评估结果反馈给相关部门和候选人，并根据评估结果做出合理的录用决策。同时，企业还需要对评估过程进行反思和总结，不断改进和优化评估方法和流程，提高评估的准确性和效率。

对于未被录用的候选人，企业可以给予一定的反馈和建议，帮助其了解自身存在的不足和需要改进的地方。对于录用的候选人，企业则需要为其制订个性化的培训计划和发展路径，帮助其快速适应岗位并发挥潜力。此外，企业还可以建立人才储备库，将表现优秀的候选人纳入其中，以备未来的人才需求。

总之，候选人评估与筛选是确保企业招聘到合适人才的关键环节。企业需要明确评估标准与要求，采用多元化的评估方法，注重能力与潜质的平衡，以及及时应用评估结果，以提高招聘的准确性和效率。

三、面试技巧与决策制定

在人力资源管理中，面试是评估候选人是否适合岗位的重要环节，而面试技巧与决策制定的质量直接决定了招聘的成功与否。以下从四个方面对面试技巧与决策制定进行详细分析。

（一）面试前的准备

面试前的准备是确保面试顺利进行的基础。首先，面试官需要深入了解岗位需求，明确岗位的职责、技能要求和素质模型，以便在面试过程中能够针对性地提问和评估。其次，面试官应提前熟悉候选人的简历和背景资料，了解候选人的基本情况和优势，为面试做好充分的准备。此外，面试官还需要制订面试计划和流程，明确面试的各个环节和时间安排，以确保面试的高效性。

在面试前的准备过程中，面试官还需要注意一些细节问题。例如，确保面试环境安静、整洁，给候选人留下良好的第一印象；准备必要的面试工具和设备，如笔记本、录音笔等，以便记录面试过程中的重要信息；调整自己的心态和情绪，保持平和、客观的态度，避免在面试过程中受到主观情感的影响。

（二）面试过程中的技巧

面试过程中的技巧是评估候选人能力和素质的关键。首先，面试官需要掌握有效的提问技巧，通过开放式、情境式等多样化的问题类型，引导候选人展示自己的能力和经验。同时，面试官应注意问题的逻辑性和关联性，确保问题能够覆盖岗位所需的各个方面。

其次，面试官需要具备良好的倾听能力。在候选人回答问题的过程中，面试官应认真倾听候选人的回答，理解其思路和观点，并适时给予反馈和回应。通过倾听，面试官可以更好地了解候选人的性格特点、沟通能力和思维方式等方面的素质。

此外，面试官还需要注意非语言信息的观察。通过观察候选人的表情、肢体语言和声音等非语言信息，面试官可以更加深入地了解候选人的心理状态和真实想法。这些信息对于评估候选人的综合素质和潜力具有重要的参考价值。

（三）面试后的分析与评估

面试后的分析与评估是决策制定的基础。在面试结束后，面试官需要认真回顾和分析面试过程中的记录和信息，对候选人的能力和素质进行客观、全面的评估。评估的内容应包括候选人的专业知识、技能水平、沟通能力、团队协作能力、创新能力等各个方面。

在评估过程中，面试官可以采用量化评分或定性描述等方式，对候选人的表现进行客观评价。同时，面试官还需要将候选人的表现与岗位需求进行对比分析，判断候选人是否符合岗位的要求和期望。

（四）决策制定的科学与合理

决策制定的科学与合理性是确保招聘成功的关键。在评估完所有候选人后，面试官需要根据评估结果和岗位需求，综合考虑候选人的能力、素质、经验、潜力等多个方面因素，做出合理的录用决策。

在决策制定过程中，面试官需要遵循公平、公正、公开的原则，避免主观情感和偏见的影响。同时，面试官还需要与相关部门和人员进行充分的沟通和协商，确保决策的科学性和合理性。

此外，企业还可以建立一定的决策机制和流程，明确决策的标准和程序，确保决策的规范性和一致性。例如，可以设立面试小组或招聘委员会等机构，由多个面试官共同参与面试和决策过程，以提高决策的准确性和公正性。

总之，面试技巧与决策制定是人力资源管理中至关重要的环节。通过充分准备、掌握面试技巧、科学评估和合理决策，企业可以更加准确地选拔出适合岗位的人才，为企业的长期发展奠定坚实的人才基础。

四、招聘效果评估与改进

在人才招聘过程中，对招聘效果的评估与改进是持续提高招聘质量、优化招聘流程的关键环节。以下从四个方面对招聘效果评估与改进进行详细分析。

（一）招聘效果评估的重要性

招聘效果评估是对整个招聘过程及其结果的全面审视，旨在分析招聘活动的成效，找出存在的问题和不足，为后续的招聘活动提供改进的依据。通过招聘效果评估，企业可以了解招聘策略的有效性、招聘流程的合理性、面试技巧的准确性及决策制定的科学性，从而不断优化招聘活动，提高招聘效率和质量。

招聘效果评估的重要性体现在以下几个方面：首先，它有助于企业了解招聘活动的实际效果，为招聘策略的调整提供依据；其次，它有助于发现招聘过程中存在的问题和不足，为招聘流程的改进提供方向；再次，它有助于企业优化面试技巧和决策制定，提高招聘的准确性和公正性；最后，它有助于企业建立招聘活动的持续改进机制，实现招聘工作的持续优化。

（二）招聘效果评估的指标体系

为了全面、客观地评估招聘效果，企业需要建立一套科学合理的评估指标体系。该指标体系应涵盖招聘活动的各个方面，包括招聘周期、招聘成本、招聘质量、候选人满意度等。具体来说，招聘周期反映了招聘活动的效率，招聘成本反映了招聘活动的经济性，招聘质量反映了招聘活动的有效性，候选人满意度则反映了招聘活动的公正性和吸引力。

在构建评估指标体系时，企业需要根据自身的实际情况和招聘目标，确定各项指标的权重和评分标准。同时，企业还需要定期对评估指标体系进行审查和更新，以确保其适应企业发展和市场变化的需要。

（三）招聘效果评估的实施过程

招聘效果评估的实施过程包括数据收集、数据分析和结果呈现三个环节。在数据收集环节，企业需要收集与招聘活动相关的各种数据和信息，包括招聘周期、招聘成本、候选人数量、候选人质量等。在数据分析环节，企业需要对收集到的数据和信息进行整理、分析和比较，以评估招聘活动的成效和存在的问题。在结果呈现环节，企业需要将评估结果以直观、易懂的方式呈现出来，如报表、图表等，以便企业领导和相关部门了解招聘活动的实际情况。

在实施招聘效果评估时，企业需要注意以下几点：首先，要确保数据的真实性和准确性；其次，要对数据进行全面、客观的分析；再次，要将评估结果与招聘目标进行对比分析；最后，要将评估结果及时反馈给相关部门和人员，以便他们了解招聘活动的实际情况并采取相应的改进措施。

（四）招聘效果的改进与优化

招聘效果评估的目的在于发现问题、改进不足。在评估结果的基础上，企业需要对招聘活动进行改进和优化。具体来说，企业可以从以下几个方面入手：首先，针对招聘周期过长的问题，可以优化招聘流程、提高面试效率等；其次，针对招聘成本过高的问题，可以探索更经济的招聘渠道、降低招聘成本等；再次，针对招聘质量不高的问题，可以加强面试技巧的培训、提高招聘标准的科学性等；最后，针对候选人满意度不高的问题，可以优化招聘流程、提高招聘活动的公正性和吸引力等。

在改进和优化招聘活动时，企业需要建立持续改进的机制，定期对招聘活动进行评估和改进。同时，企业还需要加强内部沟通和协作，确保各部门和人员能够共同参与招聘活动的改进和优化工作。通过不断改进和优化招聘活动，企业可以提高招聘效率和质量，为企业的发展提供有力的人才保障。

第三节　员工培训与发展

一、员工培训需求分析与计划制订

在企业的长期发展过程中，员工培训扮演着至关重要的角色。一个完善的员工培训体系不仅能够提升员工的专业技能，还能增强企业的凝聚力和竞争力。因此，进行员工培训需求分析与计划制订是确保培训活动有效性和针对性的基础。以下从四个方面对员工培训需求分析与计划制订进行详细分析。

（一）明确培训需求的重要性与目的

明确培训需求是制订培训计划的首要步骤，它直接关系到培训活动的成功与否。首先，培训需求分析有助于企业了解员工当前的能力水平与岗位要求的差距，从而确定培训的重点和方向。其次，通过培训需求分析，企业可以识别出员工在工作中遇到的问题和困难，进而制定针对性的培训措施，帮助员工提升工作绩效。最后，明确培训需求还有助于企业制订长期的培训规划，确保培训活动与企业战略目标的紧密结合。

在明确培训需求的过程中，企业可以采用多种方法，如员工问卷调查、访谈、绩效评估等，全面了解员工在知识、技能、态度等方面的需求。同时，企业还需要结合市场趋势和行业发展，预测未来可能出现的新技能和新要求，以便及时调整培训计划。

（二）制订培训计划的全面性与针对性

在明确培训需求的基础上，企业需要制订全面且有针对性的培训计划。首先，培训计划应涵盖培训内容、培训方式、培训时间、培训师资等方面，确保培训活动的全面性和系统性。其次，培训计划应针对员工的不同需求和特点，提供个性化的培训方案，以满足员工的个性化发展需求。最后，培训计划还应与企业的发展战略相结合，确保培训活动与企业目标的紧密关联。

在制订培训计划时，企业需要充分考虑员工的实际情况和企业的资源状况，确保计划的可行性和有效性。同时，企业还需要关注培训计划的实施情况，及时调整和优化计划，以确保培训活动的顺利进行。

（三）培训内容的选择与更新

培训内容的选择是培训计划的核心环节。为了确保培训活动的有效性和针对性，企业需要根据员工的实际需求和企业的战略目标，选择适合的培训内容。首先，培训内容应涵盖员工所需掌握的基本知识和技能，如业务知识、操作技能等。其次，培训内容还应包括员工在职业发展中所需要的综合素质和能力，如沟通能力、团队协作能力等。最后，培训内容还需要不断更新和拓展，以适应市场变化和企业发展的需求。

在选择和更新培训内容时，企业需要关注行业趋势和市场动态，及时了解新技术、新方法和新理念的发展。同时，企业还需要关注员工的反馈和需求，及时调整和更新培训内容，以满足员工的个性化发展需求。

（四）培训效果的评估与反馈

培训效果的评估是培训活动的最后环节，也是持续改进培训工作的关键。通过对培训效果的评估，企业可以了解培训活动的实际效果和员工的满意度，从而发现培训过程中存在的问题和不足，为后续的改进提供依据。

在评估培训效果时，企业可以采用多种方法，如问卷调查、访谈、测试等，全面了解员工对培训活动的看法和感受。同时，企业还需要关注员工在培训后的工作表现和绩效提升情况，以评估培训活动的实际效果。在获取评估结果后，企业需要及时将结果反馈给相关部门和人员，以便他们了解培训活动的实际情况并采取相应的改进措施。此外，企业还需要建立长期的培训效果跟踪机制，对培训活动进行持续的评估和改进，以确保培训活动的持续优化和提升。

二、培训内容与方式选择

在员工培训的过程中，内容与方式的选择是至关重要的。合理的培训内容能够满足员工的职业发展需求，提升工作绩效；而恰当的培训方式则能够确保培训活动的有效性，使员工能够更好地吸收和掌握所学知识。以下从四个方面对培训内容与方式选择进行详细分析。

（一）培训内容的选择依据

培训内容的选择应基于员工当前的能力状况、企业的业务需求及行业的发展趋势。首先，企业应分析员工在知识、技能、态度等方面的现状，识别出员工与岗位要求之间的差距，从而确定培训的重点内容。其次，培训内容应紧密结合企业的业务需求和战略目标，确保员工所学能够直接应用于工作中，提升工作绩效。最后，培训内容还需关注行业的发展趋势和新技术、新方法的更新，以确保员工具备适应未来工作需求的能力。

在选择培训内容时，企业可以采用多种方法，如岗位分析、绩效评估、员工访谈等，全面了解员工和企业的实际需求。同时，企业还需关注市场变化和技术更新，及时调整培训内容，以适应行业发展的需要。

（二）培训内容的层次与结构

培训内容应具有层次性和结构性，以满足不同员工的需求。首先，培训内容应涵盖基础知识、专业技能和综合素质三个层次。基础知识是员工从事工作所必需的基本知识和理论；专业技能是员工完成特定任务所需的专业技能和方法；综合素质则是员工在职业发展中所需要的沟通能力、团队协作能力、创新能力等。

其次，培训内容应具有系统性和逻辑性。培训内容应按照一定的顺序和逻辑进行组织，使员工能够逐步深入理解和掌握所学知识。同时，培训内容之间应具有关联性和衔接性，避免出现重复或遗漏的情况。

（三）培训方式的选择原则

培训方式的选择应遵循有效性、针对性和灵活性原则。首先，培训方式应确保员工能够有效地吸收和掌握所学知识。不同的培训方式适用于不同的培训内容，企业应根据培训内容的特点选择合适的培训方式。例如，对于理论知识的传授，可以采用讲授法、讨论法等；对于实践技能的培养，可以采用案例分析法、角色扮演法等。

其次，培训方式应针对员工的实际情况和需求进行选择。不同的员工具有不同的学习特点和需求，企业应根据员工的实际情况选择合适的培训方式。例如，对于年轻员工，可以采用互动式、参与式的培训方式；对于中老年员工，可以采用讲授式、演示式的培训方式。

最后，培训方式应具有灵活性。随着科技的进步和互联网的普及，线上培训逐渐成了一种新的培训方式。企业应充分利用线上培训的优势，将线上与线下培训相结合，为员工提供更加灵活多样的培训选择。

（四）培训方式的创新与优化

在培训过程中，企业应不断探索和创新培训方式，以增强培训效果。首先，企业可以引入新的培训技术和工具，如虚拟现实、增强现实等，为员工提供更加生动、直观的学习体验。其次，企业可以借鉴其他行业的成功经验和做法，将其应用于自身的培训活动中。例如，可以借鉴游戏化学习的理念和方法，将培训内容设计成游戏化的形式，提高员工的学习兴趣和参与度。

此外，企业还应定期对培训方式进行评估和优化。通过收集员工的反馈和建议，了解员工对培训方式的满意度和改进意见，及时调整和优化培训方式。同时，企业还应关注市场变化和技术更新，及时引入新的培训方式和手段，以满足员工和企业的实际需求。

三、培训效果评估与反馈

在员工培训过程中，培训效果评估与反馈是确保培训活动持续改进和优化的关键环节。通过有效的评估与反馈机制，企业能够及时了解培训活动的成效，发现存在的问题和不足，从而采取相应的改进措施，提升培训效果。以下从四个方面对培训效果评估与反馈进行详细分析。

（一）培训效果评估的重要性

培训效果评估是检验培训活动是否达到预期目标的重要手段。通过评估，企业可以了解员工在培训后的知识、技能、态度等方面的提升情况，从而判断培训活动的成效。同时，评估结果还可以为后续的培训活动提供改进的依据，帮助企业不断优化培训体系，提升培训质量。

在培训效果评估过程中，企业需要关注多个方面的指标，如员工的学习成果、工作绩效、行为改变等。这些指标能够全面反映培训活动的效果，帮助企业更准确地评估培训活动的成效。

（二）培训效果评估的方法与工具

为了确保培训效果评估的准确性和有效性，企业需要选择适当的评估方法和工具。常用的评估方法包括问卷调查、访谈、测试、观察等。这些方法能够从不同角度收集员工对培训活动的反馈和建议，为评估提供全面、客观的数据支持。

同时，企业还可以借助一些专业的评估工具来辅助评估工作。例如，可以使用学习管理系统（LMS）来跟踪员工的学习进度和成果；使用360度反馈工具来收集来自不同角度的反馈意见；使用数据分析工具对评估数据进行深入挖掘和分析等。这些工具能够提高评估的效率和准确性，为企业提供更有价值的评估结果。

（三）培训效果评估的实施过程

培训效果评估的实施过程包括确定评估目标、选择评估方法、收集评估数据、分析评估结果和制定改进措施等步骤。首先，企业需要明确评估的目标和重点，确保评估工作能够有针对性地开展。其次，根据评估目标和内容选择合适的评估方法和工具，确保评估结果的准确性和有效性。然后，通过问卷调查、访谈等方式收集员工对培训活动的反馈和建议，获取全面的评估数据。接着，对收集到的数据进行整理和分析，发现培训活动中存在的问题和不足。最后，根据评估结果制定相应的改进措施，并将改进措施落实到后续的培训活动中。

在实施培训效果评估过程中，企业需要确保评估工作的公正性和客观性。评估人员应具备相应的专业知识和技能，能够准确、客观地评估培训活动的成效。同时，企业还应建立完善的评估流程和制度，确保评估工作的规范性和一致性。

（四）培训效果反馈与应用

培训效果反馈是培训效果评估的重要环节之一。通过向员工和管理层反馈评估结果，企业能够及时了解员工对培训活动的看法和建议，为后续的改进提供依据。同时，反馈结果还可以作为员工个人发展和职业规划的参考依据，帮助员工更好地认识自己的优势和不足，制订个人发展计划。

在培训效果反馈过程中，企业需要确保反馈的及时性和针对性。评估结果应及时向员工和管理层反馈，以便他们及时了解培训活动的成效和存在的问题。同时，反馈内容应具体、明确，能够针对员工个人和整体培训活动提出具体的改进建议。

此外，企业还应将培训效果评估结果应用于后续的培训活动中。根据评估结果制定相应的改进措施和优化方案，并将其落实到后续的培训计划和实施中。通过持续改进和优化培训体系，企业能够不断提升培训效果和质量，为员工的个人发展和企业的长远发展提供有力支持。

四、员工职业发展规划与支持

员工职业发展规划与支持是企业人力资源管理的重要组成部分，它关乎员工的长期成长与企业的持续发展。以下从四个方面对员工职业发展规划与支持进行详细分析。

（一）员工职业发展规划的意义

员工职业发展规划是帮助员工明确个人职业目标、制订职业路径的过程。对于员工而言，职业规划意味着更好的自我认知、更高的职业满意度和更强的职业发展动力。对于企业而言，职业规划则意味着更高的员工忠诚度、更低的员工流失率和更稳定的组织结构。因此，制订员工职业发展规划，不仅有助于员工的个人成长，也有助于企业的长期稳定发展。

在员工职业发展规划过程中，企业应关注员工的兴趣、能力和价值观，帮助员工找到最适合自己的职业方向。同时，企业还应根据员工的职业规划，为员工提供相应的培训和发展机会，助力员工实现职业目标。

（二）员工职业发展规划的制订与实施

制订员工职业发展规划是一个系统性的过程，需要企业与员工共同参与。首先，企业应通过问卷调查、访谈等方式，了解员工的职业兴趣、目标和期望。然后，结合企业的战略目标和业务发展需求，为员工制订个性化的职业发展规划。

在实施职业发展规划过程中，企业应关注员工的职业成长轨迹，定期与员工沟通，了解员工在职业发展中的需求和困难，并提供相应的支持和帮助。同时，企业还应建立职业发展评估机制，对员工在职业发展中的表现进行定期评估，以便及时调整和优化职业发展规划。

（三）提供个性化发展支持

员工职业发展规划的成功实施离不开企业的个性化发展支持。企业应根据员工的职业发展规划，为员工提供个性化的培训和发展机会。例如，针对员工在专业技能方面的不足，企业可以安排内部培训或外部培训课程；针对员工在管理能力方面的提升需求，企业可以安排管理实践项目或提供管理培训资源。

此外，企业还应关注员工的心理需求，为员工提供心理支持和咨询服务。在员工面临职业选择、工作挑战等困境时，企业可以安排职业导师或心理咨询师为员工提供指导和帮助，帮助员工顺利渡过职业发展中的难关。

（四）建立职业发展激励机制

为了激发员工的职业发展动力，企业应建立职业发展激励机制。首先，企业可以通过薪酬、晋升等方式，对员工在职业发展中的努力和成果给予认可和鼓励。其次，企业可以设立职业发展奖项，表彰在职业发展中取得显著成绩的员工，树立榜样效应。此外，企业还可以为员工搭建职业发展平台，如设立内部人才市场、提供跨部门合作机会等，让员工有更多展示自己才华和能力的机会。

在建立职业发展激励机制时，企业应注重公平性和透明度，确保激励措施能够真正激发员工的积极性和创造力。同时，企业还应关注员工的长期职业发展需求，为员工提供持续的职业发展支持和服务。

第四节 企业文化建设与员工关系

一、企业文化的内涵与功能

企业文化，作为组织内部独特的价值观、行为准则和管理方式，不仅反映了企业的历史、传统和愿景，还深刻影响着企业的运营效率和员工的行为模式。

（一）企业文化的内涵

企业文化的内涵，可以理解为企业在长期经营过程中所形成的一系列独特的文化现象和特征。这些文化现象和特征不仅包含了企业的核心价值观、愿景和使命，还涵盖了企业的组织文化、员工行为习惯、创新变革意识等多个方面。

首先，企业的核心价值观是企业文化的核心，它体现了企业的精神追求和价值观念，是企业员工共同追求的目标。这种价值观的形成，需要企业在长期的经营过程中不断积累和沉淀，同时也需要企业高层领导的引导和推动。

其次，企业的组织文化，即企业内部的共同信仰、价值观和行为模式，也是企业文化的重要组成部分。组织文化反映了企业的历史、传统和特色，它通过企业的标志、口号、座右铭等形式，对内形成了强大的凝聚力和向心力，对外则树立了企业的良好形象和品牌。

此外，企业的员工行为习惯也是企业文化的重要体现。员工的行为习惯反映了企业的管理水平和文化氛围，良好的员工行为习惯能够提升企业的整体运营效率和服务质量，同时也能够增强员工的归属感和忠诚度。

（二）企业文化的功能

企业文化的功能主要体现在以下几个方面：

首先，企业文化具有导向作用。企业文化能够引导员工树立正确的价值观和行为准则，使员工的行为与企业的战略目标保持一致。这种导向作用有助于企业形成统一的行动方向和行动标准，提高整体运营效率。

其次，企业文化具有凝聚作用。企业文化能够增强员工的归属感和凝聚力，使员工形成共同的信仰和价值观。这种凝聚作用有助于企业形成强大的内部力量，提高员工的士气和积极性。

再次，企业文化具有约束作用。企业文化能够规范员工的行为和决策，使员工在遵守企业规章制度的同时，也能够自觉遵守企业的价值观和道德准则。这种约束作用有助于企业维护良好的经营秩序和形象。

最后，企业文化具有激励作用。企业文化能够激发员工的工作热情和创造力，使员工在工作中不断追求进步和创新。这种激励作用有助于企业提高员工的工作效率和质量，同时也能够增强企业的竞争力和可持续发展能力。

每个企业都有自己独特的企业文化，这是由企业的历史、传统、行业特点、市场环境等多种因素所决定的。企业文化的独特性不仅体现在企业的核心价值观、愿景和使命上，还体现在企业的组织文化、员工行为习惯等多个方面。这种独特性使得每个企业都具有独特的文化魅力和竞争优势。企业文化的塑造和传承是企业长期发展的基础。企业在塑造企业文化时，需要注重从员工需求出发，激发员工的参与热情，同时也需要注重企业文化的传承和弘扬。通过不断地宣传、教育和培训，使企业文化深入人心，成为员工共同遵守的行为准则和价值观念。同时，企业还需要注重企业文化的创新和发展，以适应不断变化的市场环境和员工需求。

二、企业文化建设策略与方法

企业文化建设是企业持续发展的重要保障，它不仅能够塑造独特的组织形象，还能够增强员工的凝聚力和归属感。以下从四个方面对企业文化建设的策略与方法进行深入分析。

（一）明确企业文化建设的目标与定位

在企业文化建设之初，首先需要明确其目标与定位。这包括确定企业文化的核心价值观、愿景和使命，以及明确企业文化在企业管理中的地位和作用。明确的目标与定位有助于为企业文化建设提供方向，确保所有建设活动都围绕这一中心展开。

为实现这一目标，企业需要对内部环境和外部环境进行深入分析，了解自身的优势和劣势，以及面临的挑战和机遇。在此基础上，企业可以制订符合自身实际情况的企业文化建设规划，明确建设目标、步骤和重点。

（二）构建多层次的企业文化体系

企业文化建设需要构建一个多层次、全方位的文化体系。这包括物质文化、行为文化、制度文化和精神文化等方面。物质文化是企业文化的外在表现，如企业标志、办公环境等；行为文化是员工在日常工作中所展现的行为习惯和价值观念；制度文化则是企业内部的规章制度和管理方式；精神文化则是企业文化的核心，包括企业的核心价值观、愿景和使命等。

在构建企业文化体系时，企业需要注重各个层次之间的协调和统一。通过制定符合企业文化要求的规章制度、加强员工培训和引导、营造积极的工作氛围等方式，使企业文化真正融到企业的各个方面。

（三）推动企业文化与员工行为的融合

企业文化建设的最终目的是要影响员工的行为和思维方式，使企业文化成为员工共同遵守的行为准则和价值观念。因此，推动企业文化与员工行为的融合是企业文化建设的重要任务。

为实现这一目标，企业可以采取多种措施。首先，通过宣传、教育和培训等方式，让员工了解企业文化的内涵和要求，明确自身的职责和使命。其次，建立健全的激励机制和约束机制，使员工的行为符合企业文化的要求。同时，加强员工之间的沟通和交流，促进员工之间的互相学习和共同进步。

（四）持续评估与改进企业文化建设

企业文化建设是一个长期的过程，需要不断地评估和改进。通过定期评估企业文化建设的效果和员工的反馈意见，企业可以了解自身在企业文化建设方面存在的问题和不足，进而制订改进措施和计划。

在评估企业文化建设时，企业需要关注以下几个方面：一是企业文化的核心价值观、愿景和使命是否得到员工的认同和遵守；二是企业文化是否真正融入企业的各个方面；三是企业文化是否对员工的行为和思维方式产生了积极影响；四是企业文化是否有助于提升企业的竞争力和可持续发展能力。

基于评估结果，企业可以制定改进措施和修正计划，不断完善和优化企业文化建设。这些措施可能包括加强员工培训、调整激励机制、改善工作环境等。通过持续的评估和改进，企业可以确保企业文化建设的有效性和可持续性。

三、员工关系管理的重要性

员工关系管理是企业运营中不可或缺的一环，它涉及员工之间、员工与管理者之间及员工与企业整体之间的相互作用和关系。以下从四个方面对员工关系管理的重要性进行深入分析。

（一）促进内部和谐与稳定

员工关系管理的首要作用在于促进企业内部关系的和谐与稳定。在一个团队中，员工之间的相处是否融洽，直接影响到工作效率和团队的凝聚力。员工关系管理通过构建良好的沟通机制、解决冲突与矛盾、增强团队凝聚力等手段，为员工创造一个和谐、稳定的工作环境。在这样的环境中，员工能够更好地投入工作，提高工作满意度和效率，从而推动企业的整体发展。

员工关系管理还能促进员工与管理层之间的沟通与理解。通过有效的沟通和反馈机制，员工可以将自己的意见和建议传达给管理层，而管理层则能更好地了解员工的需求和期望。这种双向的沟通有助于减少误解和隔阂，增强彼此之间的信任和理解，提高企业的凝聚力和向心力。

（二）提升员工满意度与忠诚度

员工关系管理的另一个重要作用是提升员工的满意度和忠诚度。员工是企业的重要资产，他们的满意度和忠诚度直接影响到企业的竞争力和可持续发展能力。员工关系管理通过关注员工的需求和期望，为员工提供良好的工作环境和发展机会，使员工感受到企业的关心和重视。这不仅能够提高员工的满意度和幸福感，还能够增强员工对企业的认同感和归属感，从而提高员工的忠诚度。

忠诚的员工是企业最宝贵的财富。他们不仅愿意为企业付出更多的努力和时间，还会将企业的价值观和使命融到自己的工作中。这种高度的忠诚度和投入度能够为企业带来更高的工作效率和更好的业绩表现。

（三）优化人力资源配置

员工关系管理对于优化人力资源配置也具有重要意义。通过员工关系管理，企业可以了解员工的能力和特长，为员工提供合适的岗位和职责。这不仅能够使员工的能力得到充分发挥，还能够提高组织的整体效能。

此外，员工关系管理还能够促进员工之间的协作和配合。通过建立良好的团队关系和沟通机制，员工之间可以更好地协作和配合，共同完成工作任务。这种协作和配合不仅能够提高工作效率，还能够增强团队的凝聚力和向心力，为企业创造更大的价值。

（四）增强企业竞争力

员工关系管理的最终目的是增强企业的竞争力。在一个竞争激烈的市场环境中，企业要想立于不败之地，就必须拥有高效、稳定、忠诚的员工队伍。员工关系管理正是通过促进内部和谐与稳定、提升员工满意度与忠诚度、优化人力资源配置等手段，为企业打造这样一支员工队伍。

拥有高效、稳定、忠诚的员工队伍的企业，不仅能够更好地应对市场的挑战和变化，还能够不断推动创新和发展，提高企业的竞争力和市场地位。因此，员工关系管理对于企业的长远发展具有至关重要的作用。

四、员工沟通与冲突解决机制

在企业的日常运营中，员工之间的有效沟通和冲突解决机制对于维护组织的和谐稳定、提升团队效率以及营造积极的工作氛围至关重要。以下从四个方面对员工沟通与冲突解决机制进行深入分析。

（一）沟通机制的重要性

沟通是员工之间、员工与管理层之间交流信息、表达意见和建立关系的基础。有效的沟通机制不仅能够促进信息的快速传递，还能增强员工之间的信任和理解。通过沟通，员工可以了解企业的战略目标和期望，明确自己的职责和角色，进而更好地投入工作。同时，沟通也是发现和解决问题的关键途径，能够帮助企业及时纠正错误，优化决策。

为了构建有效的沟通机制，企业可以采取多种措施。例如，建立定期的部门会议和团队讨论，让员工有机会分享自己的想法和意见；设立匿名反馈系统，鼓励员工提出对工作的建议和改进措施；加强管理层与员工的直接沟通，让员工感受到企业的关心和支持。这些措施有助于促进员工之间的交流和合作，增强企业的凝聚力和向心力。

（二）冲突解决机制的作用

在企业中，员工之间的冲突是不可避免的。然而，如何妥善处理这些冲突，对于维护企业的稳定和发展具有重要意义。一个完善的冲突解决机制能够及时发现并解决冲突，避免冲突升级和扩大化，减少对企业运营和员工关系的负面影响。

在构建冲突解决机制时，企业需要注重以下几个方面。首先，要明确冲突的性质和原因，以便有针对性地采取解决措施。其次，要建立多元化的解决方式，包括协商、调解、仲裁等，以适应不同类型的冲突。此外，企业还需要培养员工的冲突解决能力，让他们能够主动寻求解决冲突的方法，而不是采取逃避或攻击的态度。

通过完善的冲突解决机制，企业可以及时发现并解决员工之间的冲突，维护企业的稳定和发展。同时，这种机制还能够让员工感受到企业的公正和公平，增强他们对企业的信任和支持。

（三）促进沟通与解决冲突的文化建设

为了更有效地实施员工沟通与冲突解决机制，企业需要营造一种促进沟通和解决冲突的文化氛围。这种文化应该强调开放、包容、尊重和合作。在这样的文化氛围中，员工可以自由地表达自己的想法和意见，而不必担心被批评或排斥。同时，企业也应该鼓励员工积极寻求解决冲突的方法，而不是采取逃避或攻击的态度。

为了营造这样的文化氛围，企业可以采取多种措施。例如，加强员工的沟通技巧培训，让他们能够更好地表达自己的想法和意见；举办团队建设活动，增强员工之间的信任和理解；建立激励机制，表彰那些能够积极解决冲突的员工。这些措施有助于营造一种积极向上的工作氛围，提高员工的工作效率和满意度。

（四）持续优化与更新沟通与冲突解决机制

随着企业的发展和外部环境的变化，员工沟通与冲突解决机制也需要不断优化和更新。企业应该定期评估这些机制的有效性和适用性，并根据评估结果进行调整和改进。例如，随着企业规模的扩大和员工数量的增加，可能需要建立更加完善的沟通渠道和冲突解决机制；随着新技术的发展和应用，可能需要利用新技术手段来优化这些机制。

持续优化与更新员工沟通与冲突解决机制有助于企业更好地适应外部环境的变化和内部需求的发展，提高组织的稳定性和效率。同时，这种持续优化和更新的过程也体现了企业对员工关系的重视和关注，有助于增强员工对企业的信任和支持。

第五节 绩效管理与激励机制

一、绩效管理体系构建

绩效管理体系的构建是组织实现其战略目标、优化员工管理、提升整体绩效的重要手段。以下从四个方面对绩效管理体系的构建进行详细分析。

（一）明确绩效管理体系的目标与原则

在构建绩效管理体系之初，首先需要明确其目标与原则。目标通常与组织的战略目标和业务目标相一致，旨在通过绩效评估与激励，促进员工和组织的共同发展。原则则包括公正、透明、客观、可衡量等，确保绩效评估的公正性和有效性。

在明确目标与原则的过程中，需要考虑组织的特定情境，如行业特点、组织文化、员工结构等。这些因素将影响绩效管理体系的具体设计和实施。同时，也需要关注员工的需求和期望，确保绩效管理体系能够激发员工的积极性和创造力。

（二）设计合理的绩效指标与评估方法

绩效指标是绩效管理体系的核心，它直接反映了组织对员工绩效的期望和要求。在设计绩效指标时，需要考虑以下几个方面：

1.与组织战略目标的一致性

绩效指标应与组织战略目标紧密相连，确保员工的个人目标与组织目标相一致。

2.可衡量性

绩效指标应具有可衡量性，以便对员工的绩效进行客观评价。

3.挑战性

绩效指标应具有一定的挑战性，能够激发员工的积极性和创造力。

4.适应性

绩效指标应适应组织的特定情境和员工的特点，确保评估结果的准确性和公正性。

在评估方法方面，可以采用多种方法相结合的方式，如目标管理法、360度反馈法、关键绩效指标法（KPIs）等。不同的评估方法适用于不同的情境和员工特点，需要根据实际情况进行选择和应用。

（三）建立绩效管理的流程与机制

绩效管理的流程包括目标设定、绩效评估、反馈与沟通、激励与改进等环节。在建立绩效管理的流程时，需要关注以下几个方面：

1. 目标设定的明确性

目标设定应明确具体、可衡量，并与员工的职责和岗位相关。

2. 绩效评估的公正性

绩效评估应基于客观的数据和事实，确保评估结果的公正性和准确性。

3. 反馈与沟通的及时性

管理者应及时与员工进行绩效反馈和沟通，帮助员工了解自己的绩效表现并提供指导。

4. 激励与改进的针对性

根据绩效评估结果，给予员工适当的奖励和认可，并针对存在的问题提出改进建议。

同时，需要建立完善的绩效管理机制，如绩效管理制度、绩效评估周期、评估结果的应用等，确保绩效管理的有效实施。

（四）持续优化与改进绩效管理体系

绩效管理体系的构建不是一蹴而就的，需要持续优化与改进。在优化与改进过程中，需要关注以下几个方面：

1. 收集员工反馈

定期收集员工对绩效管理体系的反馈和建议，了解员工的需求和期望。

2. 分析绩效数据

对绩效数据进行深入分析，发现存在的问题和不足，为优化与改进提供依据。

3. 引入新的管理理念和技术

关注最新的管理理念和技术发展，将其引入到绩效管理体系中，提升绩效管理的效率和效果。

4. 持续改进

将优化与改进作为绩效管理体系建设的常态工作，确保绩效管理体系能够不断适应组织发展的需要。

总之，绩效管理体系的构建是一个系统性的过程，需要明确目标与原则、设计合理的绩效指标与评估方法、建立绩效管理的流程与机制及持续优化与改进绩效管理体系。通过这些措施的实施，可以确保绩效管理体系的有效性和实用性，为组织的长期稳定发展提供有力支持。

二、绩效指标设定与评估

绩效指标设定与评估是绩效管理体系中的核心环节，它直接关系到员工工作目标的明确性和绩效评估的公正性。以下从四个方面对绩效指标设定与评估进行详细分析。

（一）绩效指标设定的基础与原则

绩效指标的设定需要建立在组织战略目标和业务目标的基础之上。首先，需要明确组织的长期和短期目标，以及各个部门和岗位的职责和任务。其次，绩效指标应该具备可衡量性、可达成性、相关性和时限性，即SMART原则（企业管理原则）。可衡量性意味着指标必须能够用具体的数据或行为来量化；可达成性表示指标是员工通过努力可以实现的；相关性意味着指标与组织的战略目标紧密相连；时限性则要求指标有明确的完成时间。

在设定绩效指标时，还需要遵循一些基本原则。首先是目标一致性原则，即绩效指标应该与组织的目标相一致，确保员工的个人目标与组织目标相协调。其次是公开透明原则，绩效指标的设定应该公开透明，让员工清楚了解自己的工作目标和评价标准。最后是员工参与原则，绩效指标的设定应该充分考虑员工的意见和建议，确保指标的合理性和公正性。

（二）绩效指标的具体制定过程

绩效指标的具体制定过程包括以下几个步骤。首先，进行岗位分析，明确各个岗位的职责和任务，以及所需的能力和素质。其次，根据组织的战略目标和业务目标，以及岗位分析的结果，制定初步的绩效指标。然后，与员工进行沟通和协商，确保员工对绩效指标有清晰的认识和理解，并征求他们的意见和建议。最后，对绩效指标进行修订和完善，确保指标的合理性和有效性。

在制定绩效指标时，还需要注意一些细节问题。例如，要确保指标的具体性和可操作性，避免使用模糊或笼统的表述方式。同时，也要考虑指标之间的平衡性和互补性，确保各个指标能够全面反映员工的绩效表现。

（三）绩效评估的实施与监控

绩效评估是绩效管理体系中的关键环节，它直接关系到员工绩效的公正评价和组织目标的实现。在绩效评估的实施过程中，需要遵循以下步骤。首先，明确评估周期和评估方式，确保评估的及时性和有效性。其次，收集员工在工作中的表现数据，包括工作成果、工作态度、团队合作等方面。然后，根据绩效指标和收集的数据，对员工进行客观公正的绩效评估。最后，将评估结果及时反馈给员工，并与他们进行沟通和交流，了解他们的想法和意见。

在绩效评估的监控过程中，需要确保评估过程的公正性和准确性。为此，可以建立绩效评估的监控机制，如设立评估委员会、建立申诉制度等。同时，也要对评估结果进行定期回顾和分析，发现存在的问题和不足，并及时进行改进和优化。

（四）绩效指标与评估的持续优化

绩效指标与评估的持续优化是绩效管理体系建设的重要任务。随着组织内外部环境的变化和战略目标的调整，绩效指标和评估方式也需要不断更新和改进。在持续优化过程中，需要关注以下几个方面。首先，要根据组织的战略目标和业务目标的变化，对绩效指标进行修订和完善。其次，要关注员工的需求和期望的变化，确保绩效指标和评估方式能够满足员工的需求和期望。最后，要关注绩效管理的效果和问题，及时调整和优化绩效管理的流程和机制，确保绩效管理体系的持续有效运行。

在持续优化过程中，需要建立相应的制度和机制来保障。例如，可以设立专门的绩效管理团队或委员会来负责绩效指标和评估方式的修订和完善工作；可以建立员工反馈机制来收集员工对绩效管理的意见和建议；可以建立绩效评估的监控和评估机制来确保评估过程的公正性和准确性等。通过这些措施的实施，可以确保绩效指标与评估的持续优化和改进，为组织的长期稳定发展提供有力支持。

三、激励机制设计与实施

在人力资源管理中，激励机制的设计与实施对于激发员工积极性、提高工作绩效及促进组织目标的实现具有至关重要的作用。以下从四个方面对激励机制的设计与实施进行深入分析。

（一）激励机制设计的前提与理论基础

在设计激励机制之前，必须明确激励机制的目的和前提。首先，要认识到激励机制是为了满足员工的合理需求，激发其工作动力和创新能力。这要求激励机制设计需与员工个人需求和职业发展相结合。其次，要依据组织文化、战略目标和市场环境等因素，确定激励机制的核心理念和原则。

在理论基础上，激励机制设计应借鉴管理学、心理学、经济学等多学科的理论知识。例如，马斯洛的需求层次理论、赫茨伯格的双因素理论、亚当斯的公平理论等，这些理论为激励机制设计提供了丰富的理论依据和实践指导。

（二）激励机制的具体内容与设计

激励机制的具体内容通常包括物质激励、精神激励、发展激励和环境激励等方面。物质激励主要包括薪酬、奖金、福利等物质待遇；精神激励则涉及荣誉、表彰、尊重等精神层面的满足；发展激励关注员工的职业发展和个人成长，如提供培训、晋升机会等；环境激励则强调良好的工作环境和氛围，如舒适的工作环境、和谐的人际关系等。

在设计激励机制时，要充分考虑员工的个性化需求和发展阶段。针对不同岗位、不同层级的员工，设计差异化的激励方案。同时，要确保激励机制的公平性和透明性，避免引发员工的不满和抵触情绪。

（三）激励机制的实施与调整

在实施激励机制时，要注重以下方面。首先，要确保激励机制与组织的战略目标相契合，确保员工的行为与组织目标保持一致。其次，要建立健全的激励制度和管理流程，确保激励措施的及时性和有效性。此外，还要关注激励措施的执行情况，确保激励措施能够真正落地并产生预期效果。

在实施过程中，还需对激励机制进行动态调整。随着组织内外部环境的变化和员工需求的发展，激励机制也需要不断更新和完善。通过收集员工反馈、评估激励效果等方式，及时发现问题并进行调整。

（四）激励机制的持续优化与改进

激励机制的持续优化与改进是确保其长期有效的关键。在持续优化过程中，要关注以下几个方面。首先，要关注员工需求的变化和发展趋势，及时调整激励措施以满足员工的新需求。其次，要关注激励效果的评估和改进，通过收集和分析数据来评估激励措施的有效性，并据此进行改进和优化。此外，还要关注行业和市场的发展动态，借鉴其他组织的成功经验来完善自身的激励机制。

在优化与改进过程中，要注重员工参与和沟通。通过组织员工座谈会、问卷调查等方式收集员工意见和建议，让员工参与到激励机制的设计和改进中来。这不仅可以提高员工的满意度和忠诚度，还能促进组织内部的和谐与发展。

四、绩效与激励的关联与改进

绩效与激励在人力资源管理中紧密相连，相互影响，共同推动着组织目标的实现和员工个人发展的进步。以下从四个方面对绩效与激励的关联与改进进行深入分析。

（一）绩效与激励的相互作用

绩效与激励之间存在着密切的相互作用关系。一方面，绩效是激励的基础和依据。员工的绩效表现反映了其工作能力和贡献，是组织进行激励决策的重要依据。通过公正的绩效评估，组织可以识别出表现优秀的员工，给予相应的奖励和激励，从而激发员工的工作积极性和创造力。另一方面，激励是提升绩效的重要手段。有效的激励措施能够激发员工的工作动力，提高工作满意度和忠诚度，进而促进绩效的提升。因此，绩效与激励之间存在着相互促进、相互依存的关系。

（二）绩效与激励的匹配性

绩效与激励的匹配性是指激励措施与绩效目标之间的契合程度。一个有效的激励机制应该能够准确反映员工的绩效表现，给予相应的奖励和激励。如果激励措施与绩效目标不匹配，不仅无法激发员工的工作动力，还可能导致员工的不满和抵触情绪。因此，组织在设计激励机制时，应该充分考虑绩效目标的特点和要求，确保激励措施与绩效目标相一致。

为了实现绩效与激励的匹配性，组织可以采取以下措施：一是明确绩效目标，确保员工清楚了解自己的工作目标和评价标准；二是建立公正的绩效评估体系，确保绩效评估的公正性和准确性；三是根据绩效目标设计差异化的激励方案，确保激励措施与绩效目标相匹配；四是加强员工沟通和反馈，及时了解员工对激励措施的看法和建议，以便对激励方案进行调整和优化。

（三）绩效与激励的动态调整

绩效与激励的动态调整是指随着组织内外部环境的变化和员工需求的发展，对绩效目标和激励措施进行适时的调整和优化。由于市场环境、组织战略和员工需求等因素的不断变化，绩效目标和激励措施也需要不断更新和完善。如果绩效目标和激励措施长期保持不变，可能无法适应新的环境和需求，导致员工的不满和绩效下降。

为了实现绩效与激励的动态调整，组织可以采取以下措施：一是关注市场环境和行业趋势的变化，及时调整绩效目标和激励措施；二是加强员工需求的调查和分析，了解员工对激励措施的看法和建议；三是建立绩效评估的监控机制，及时发现和解决绩效评估中存在的问题；四是定期对激励措施进行评估和改进，确保其有效性和适应性。

（四）绩效与激励的协同改进

绩效与激励的协同改进是指通过协同作用来共同提升绩效和激励的效果。绩效与激励是相互依存、相互促进的，只有两者协同作用，才能实现最佳效果。为了实现绩效与激励的协同改进，组织可以采取以下措施：一是加强绩效与激励的整合，确保两者在目标、标准和措施上相互衔接；二是建立绩效与激励的联动机制，使激励措施能够直接反映员工的绩效表现；三是加强员工参与和沟通，鼓励员工提出对绩效与激励的改进建议；四是持续改进和优化绩效与激励体系，确保其适应性和有效性。

总之，绩效与激励的关联与改进是人力资源管理中的重要问题。通过加强绩效与激励的相互作用、确保两者的匹配性、实现动态调整和协同改进等措施，可以有效提升组织的绩效水平和员工的工作动力，促进组织的长期发展。

第六章　财务管理与投资决策

第一节　财务管理的目标与职能

一、财务管理的核心目标

财务管理作为企业管理的重要组成部分，其目标直接关联到企业的整体战略和长期发展。财务管理的核心目标旨在确保企业资金的合理配置和高效利用，以支持企业的运营活动，并追求企业价值的最大化。以下从四个方面对财务管理的核心目标进行详细分析。

（一）资金筹集与配置

财务管理的首要目标是确保企业有足够的资金来支持其运营活动。资金筹集涉及从各种渠道（如股东投资、银行贷款、债券发行等）获取资金，以满足企业的资金需求。在筹集资金后，财务管理的下一个关键任务是对这些资金进行合理配置。这包括确定资金的投向、投资比例和投资期限，以确保资金能够产生最大的经济效益。

为了实现资金筹集与配置的目标，财务管理需要对企业内部的经营状况和外部环境进行深入研究。通过对市场趋势、行业竞争状况、企业自身的优劣势等因素的综合分析，财务管理可以为企业制定合适的资金筹集和配置策略。同时，财务管理还需要密切关注资金市场的动态变化，及时调整资金筹集和配置策略，以应对可能出现的风险和挑战。

（二）成本控制与风险管理

成本控制是财务管理的另一个重要目标。通过有效的成本控制，企业可以降低经营成本，提高经济效益。这要求财务管理对企业内部的生产流程、采购渠道、库存管理等方面进行全面监控和管理，确保各项成本控制在合理范围内。

同时，风险管理也是财务管理的核心目标之一。在企业的经营过程中，各种风险（如市场风险、信用风险、流动性风险等）难以避免。财务管理需要建立完善的风险管理体系，对企业面临的各种风险进行识别、评估和控制。通过制定风险应对策略、建立风险预警机制等措施，财务管理可以为企业提供稳定的经营环境，确保企业的长期发展。

（三）利润最大化与股东权益保护

利润最大化是财务管理的直接目标之一。通过优化资金配置、降低经营成本、提高销售收入等措施，财务管理可以为企业创造更多的利润。然而，利润最大化并不是财务管理的唯一目标。在追求利润的同时，财务管理还需要关注股东权益的保护。

股东作为企业的投资者，其权益的保护是财务管理的重要职责。财务管理需要确保企业的决策和行动符合股东的利益，为股东创造更多的价值。这要求财务管理在制定资金筹集、配置和分配策略时，充分考虑股东的利益诉求，确保股东权益得到充分保障。

（四）支持企业战略与持续发展

财务管理的最终目标是支持企业的战略实现和持续发展。企业战略是企业长期发展的指导方针，而财务管理则是企业战略实现的重要支撑。通过为企业提供充足的资金支持、优化资源配置、控制成本和风险等措施，财务管理可以为企业战略的实现提供有力保障。

同时，财务管理还需要关注企业的持续发展。在追求短期利润的同时，财务管理需要注重企业的长期发展潜力和可持续性。通过制订合理的财务规划、加强风险管理、推动技术创新等措施，财务管理可以为企业创造更多的长期发展机会和价值。

二、财务管理的基本职能

财务管理作为企业运营中不可或缺的一环，其职能涵盖了多个方面，以确保企业资金的有效运作和企业的稳健发展。以下从四个方面对财务管理的基本职能进行详细分析。

（一）资金筹措与调配

资金筹措与调配是财务管理的基本职能之一。资金是企业运营的血脉，财务管理的首要任务就是确保企业资金的充足与合理流动。在资金筹措方面，财务管理部门需要根据企业的战略规划、经营计划和资金需求，通过合理的融资渠道和方式，为企业筹集足够的资金，支持企业的日常运营和长远发展。

在资金调配方面，财务管理需要制订科学合理的资金使用计划，确保资金的合理配置和高效利用。这包括对企业内部各部门、各项目的资金需求进行细致分析，根据资金的重要性和紧迫性进行优先级排序，确保资金能够优先满足企业的核心需求和重要项目。同时，财务管理还需要对资金的流动性进行监控和管理，确保资金在企业内部的高效流通，降低资金占用成本，提高资金使用效率。

（二）成本控制与预算管理

成本控制与预算管理是财务管理的又一重要职能。成本控制是指通过一系列措施和方法，对企业运营过程中的各项成本进行监控和管理，确保成本控制在合理范围内，降低企业的运营成本，提高企业的经济效益。预算管理则是通过制订预算计划，对企业未来的收入、支出、现金流等进行预测和规划，为企业决策提供重要的参考依据。

在成本控制方面，财务管理需要建立完善的成本管理制度和成本控制体系，通过成本核算、成本分析、成本考核等手段，对企业运营过程中的各项成本进行实时监控和管理。同时，财务管理还需要推动企业内部各部门的成本节约和成本控制意识，形成全员参与成本控制的良好氛围。

在预算管理方面，财务管理需要根据企业的战略规划、经营计划和市场环境等因素，制订科学合理的预算计划，并对预算的执行情况进行跟踪和监控。通过预算与实际执行情况的对比分析，财务管理可以及时发现预算偏差和潜在风险，为企业决策提供重要的参考依据。

（三）财务报告与分析

财务报告与分析是财务管理的又一重要职能。财务报告是企业财务状况和经营成果的重要体现，也是外部投资者、债权人等利益相关者了解企业情况的重要途径。财务管理需要定期编制和发布财务报告，包括资产负债表、利润表、现金流量表等，以全面反映企业的财务状况和经营成果。

在财务报告与分析方面，财务管理需要确保财务报告的准确性和真实性，遵循相关的会计准则和法规要求。同时，财务管理还需要对财务报告进行深入的分析和研究，从财务数据中挖掘出有价值的信息和规律，为企业决策提供重要的参考依据。此外，财务管理还需要通过财务分析工具和方法，对企业过去的财务状况进行回顾和总结，对企业未来的财务状况进行预测和规划，为企业的战略发展提供有力的支持。

（四）财务决策与咨询

财务决策与咨询是财务管理的核心职能之一。财务决策是指在企业运营过程中，对涉及资金、投资、融资等方面的重大问题进行决策和判断。财务咨询则是为企业提供专业的财务建议和解决方案，帮助企业解决财务问题，优化财务结构。

在财务决策方面，财务管理需要根据企业的战略规划和经营计划，结合市场环境、竞争状况等因素，对涉及资金、投资、融资等方面的重大问题进行深入分析和研究，为企业决策提供重要的参考依据。同时，财务管理还需要对决策的执行情况进行跟踪和监控，确保决策的有效实施和预期目标的实现。

在财务咨询方面，财务管理需要为企业提供专业的财务建议和解决方案，帮助企业解决财务问题，优化财务结构。这包括对企业的财务状况进行全面评估和分析，发现潜在的风险和问题，并提出相应的解决方案和建议。同时，财务管理还需要关注行业和市场的发展动态，及时将最新的财务理念和方法引入企业，帮助企业保持财务领先地位。

三、财务管理在企业中的角色

财务管理在企业中扮演着至关重要的角色，其不仅涉及资金的筹措、配置和使用，还对企业的战略决策、风险管理和绩效评估产生深远影响。以下从四个方面详细分析财务管理在企业中的角色。

（一）资金管理者与策略制定者

财务管理作为企业的资金管理者，首要任务是确保企业资金的稳定供应和高效利用。它需要根据企业的战略目标、经营计划和市场环境，制定资金筹措和使用的策略，确保企业有足够的资金支持其运营活动。同时，财务管理还需要对企业的资金流动进行实时监控和预测，以确保企业资金的安全性和流动性。

在策略制定方面，财务管理需要深入了解企业的业务模式和市场环境，结合企业的战略目标和长期规划，制定适合企业的财务策略。这些策略包括投资策略、融资策略、风险管理策略等，旨在为企业提供稳定的资金支持，优化企业的财务结构，降低企业的财务风险。

（二）战略支持者与执行者

财务管理在企业战略制定和实施过程中扮演着重要角色。作为战略支持者，财务管理需要参与企业的战略规划过程，提供有关资金、成本、收益等方面的专业意见，帮助企业制订科学合理的战略目标。同时，财务管理还需要根据企业战略的要求，制订相应的财务目标和计划，为企业战略的实现提供有力支持。

作为战略执行者，财务管理需要确保企业战略在财务层面的有效实施。它需要根据企业战略的要求，对企业的财务资源进行合理配置和使用，确保企业有足够的资金支持其战略目标的实现。同时，财务管理还需要对企业的财务绩效进行监控和评估，及时发现问题并提出改进措施，确保企业战略的有效执行。

（三）风险管理者与控制者

风险管理是财务管理的重要职能之一。在企业运营过程中，各种风险难以避免，如市场风险、信用风险、流动性风险等。财务管理需要建立完善的风险管理体系，对企业面临的各种风险进行识别、评估和控制。它需要通过制定风险应对策略、建立风险预警机制等措施，降低企业的风险水平，确保企业的稳健发展。

同时，财务管理还需要对企业的内部控制体系进行完善和监督，确保企业的财务活动符合法律法规和内部规章制度的要求。它需要对企业的财务流程、财务报告、内部控制等方面进行定期检查和评估，及时发现潜在的问题和风险，并提出相应的改进措施和建议。

（四）绩效评估者与价值创造者

财务管理在企业的绩效评估和价值创造方面也扮演着重要角色。它需要通过制定科学合理的绩效评估体系，对企业的经营成果和财务绩效进行全面、客观、公正的评估。这包括对企业的收入、利润、成本、资产等方面进行评估和分析，为企业的决策提供依据和参考。

同时，财务管理还需要通过优化企业的财务结构、降低企业的成本、提高企业的经营效率等措施，为企业创造更多的价值。它需要通过财务分析和财务预测等方法，发现企业的潜在机会和优势，为企业的发展提供有力的支持。在这个过程中，财务管理需要与其他部门密切合作，共同推动企业的发展和进步。

四、财务管理的最新趋势与挑战

随着全球经济格局的深刻变革和技术创新的飞速发展，财务管理面临着前所未有的新趋势和挑战。以下从四个方面对财务管理的最新趋势与挑战进行详细分析。

（一）数字化转型与智能化发展

数字化和智能化是财务管理领域的最新趋势。随着大数据、云计算、人工智能等技术的不断成熟和应用，财务管理正在逐步实现数字化转型和智能化升级。数字化转型意味着财务管理的各个环节，如会计核算、财务分析、财务报告等，都将通过数字化手段进行，提高处理效率和准确性。智能化发展则是指利用人工智能技术对财务数据进行深度分析和预测，为企业的战略决策提供有力支持。

然而，数字化转型和智能化发展也带来了挑战。首先，企业需要投入大量资金和技术力量进行系统的升级和改造，这对企业的财务实力和技术能力提出了更高要求。其次，数字化转型和智能化发展可能导致一些传统岗位的消失和新型岗位的出现，企业需要进行人才结构的调整和培训。最后，数字化转型和智能化发展也带来了新的安全风险，如数据泄露、黑客攻击等，企业需要加强信息安全防护。

（二）全球化背景下的跨境财务管理

随着全球化的深入发展，企业的跨境经营越来越普遍，跨境财务管理也成为财务管理的重要领域。跨境财务管理涉及多个国家和地区的财务制度和税收政策，需要企业具备全球化的视野和跨文化的沟通能力。

然而，跨境财务管理也面临着诸多挑战。首先，不同国家和地区的财务制度和税收政策存在差异，企业需要了解和适应这些差异，避免出现合规风险。其次，跨境财务管理需要处理大量的跨境交易和资金流动，需要企业建立完善的跨境财务管理体系和流程。最后，跨境财务管理还需要关注汇率波动、地缘政治风险等因素对企业财务的影响。

（三）绿色财务与可持续发展

随着环保意识的提高和可持续发展的理念深入人心，绿色财务和可持续发展成为财务管理的新趋势。绿色财务强调企业在追求经济效益的同时，要注重环境保护和社会责任，实现经济、社会和环境的协调发展。

然而，绿色财务和可持续发展也面临着挑战。首先，企业需要投入大量资金和资源进行环保和社会责任项目的投入，这可能对企业的财务产生一定压力。其次，绿色财务和可持续发展需要企业建立完善的内部控制和风险管理机制，确保企业在追求绿色发展的同时，不会出现财务风险。最后，绿色财务和可持续发展需要企业具备跨部门和跨领域的合作能力，实现资源共享和优势互补。

（四）监管环境的变化与合规挑战

近年来，全球金融监管环境发生了深刻变化，各国政府和企业都加大了对财务管理的监管力度。这些监管环境的变化给企业的财务管理带来了新的挑战。

首先，企业需要了解和适应不同国家和地区的监管政策和法规要求，确保企业的财务活动符合法律法规的要求。其次，企业需要建立完善的内部控制和风险管理体系，确保企业的财务活动在合规的前提下进行。最后，企业需要加强与其他企业和监管机构的沟通和合作，共同应对监管环境的变化和挑战。

总之，财务管理的最新趋势和挑战要求企业不断适应和变化，加强自身的创新能力和风险管理能力，以应对复杂多变的市场环境。

第二节　财务报表分析

一、财务报表的组成与解读

财务报表作为企业财务状况和经营成果的重要展现形式，其组成与解读对于企业的内外利益相关者都至关重要。

（一）财务报表的组成

财务报表主要包括资产负债表、利润表、现金流量表和所有者权益变动表等基本报表，以及附注和其他相关信息。

1. 资产负债表

资产负债表是反映企业在某一特定日期（如月末、季末、年末）财务状况的报表。它按照"资产＝负债＋所有者权益"的会计等式编制，左边列示企业所拥有的资源即资产，右边列示资产的来源即负债和所有者权益。通过资产负债表，可以了解企业的资产规模、资产结构、负债结构以及所有者权益的构成等信息。

2. 利润表

利润表是反映企业在一定会计期间内经营成果的报表。它主要列示了企业在一定会计期间内的收入、费用和利润等项目的金额及其结构，展示了企业的盈利能力。通过利润表，可以了解企业的收入来源、成本结构、费用情况及利润水平等信息。

3. 现金流量表

现金流量表是反映企业在一定会计期间内现金和现金等价物流入和流出情况的报表。它主要揭示了企业现金的来源和运用情况，有助于分析企业的偿债能力和流动性风险。现金流量表分为经营活动现金流量、投资活动现金流量和筹资活动现金流量三个部分。

4. 所有者权益变动表

所有者权益变动表是反映企业在一定会计期间内所有者权益各组成部分增减变动情况的报表。它有助于了解企业所有者权益的构成、增减变动情况以及对净资产的影响等信息。

（二）财务报表的解读

财务报表的解读是获取企业财务信息并进行分析的过程，以下从四个方面进行解读。

1. 结构分析

通过比较不同报表项目的金额和比例，了解企业的资产结构、负债结构、收入结构等，从而判断企业的财务状况和经营成果。例如，分析资产负债表中的流动资产和非流动资产的比例，可以了解企业的资产流动性和投资偏好。

2. 趋势分析

通过比较不同会计期间的财务报表数据，了解企业的财务状况和经营成果的变化趋势，从而预测企业未来的发展趋势。例如，分析利润表中的收入和利润的增长率，可以了解企业的盈利能力和增长潜力。

3. 比率分析

利用财务报表中的数据计算各种财务比率，如流动比率、速动比率、资产负债率、存货周转率等，以揭示企业的财务状况和经营成果。这些比率可以帮助我们更深入地了解企业的偿债能力、运营效率、盈利能力等。

4.综合分析

将结构分析、趋势分析和比率分析等方法结合起来，对企业的财务状况和经营成果进行全面、深入地分析。通过综合分析，可以更准确地了解企业的实际情况，为企业的决策提供有力的支持。

二、财务比率分析与应用

财务比率分析作为企业财务管理的重要手段，通过计算和比较财务报表中的各项数据，揭示了企业的财务状况和经营成果。

（一）财务比率分析的基础与目的

财务比率分析的基础是财务报表，包括资产负债表、利润表、现金流量表等。其目的在于通过计算各种财务比率，来评估企业的偿债能力、运营效率、盈利能力以及成长潜力等。这些比率可以帮助投资者、债权人、管理层等利益相关者更全面地了解企业的财务状况和经营情况，从而做出更明智的决策。

（二）财务比率的种类与计算

财务比率可以根据不同的分析目的分为多种类型，主要包括：

1.偿债能力比率

用于评估企业偿还债务的能力，如流动比率、速动比率和现金比率等。流动比率反映了企业流动资产与流动负债的关系，速动比率则排除了存货的影响，现金比率则更加关注企业的现金储备。

2.盈利能力比率

用于评估企业的盈利能力，如销售净利率、销售毛利率、净资产收益率（ROE）等。这些比率可以揭示企业在经营过程中的盈利能力，帮助投资者评估企业的投资价值。

3.运营效率比率

用于评估企业运营资产的效率，如存货周转率、应收账款周转率、固定资产周转率等。这些比率可以反映企业对资产的管理能力，帮助管理层发现运营过程中的问题并采取相应的措施。

4. 成长潜力比率

用于评估企业的成长潜力和发展趋势，如销售收入增长率、净利润增长率等。这些比率可以揭示企业的成长速度和潜力，帮助投资者预测企业的未来发展。

（三）财务比率分析的应用

财务比率分析在企业管理中具有广泛的应用，主要包括：

1. 投资决策

投资者可以通过分析企业的财务比率，了解企业的盈利能力、偿债能力和成长潜力等，从而评估企业的投资价值。这有助于投资者做出更明智的投资决策，降低投资风险。

2. 信贷决策

债权人可以通过分析企业的财务比率，评估企业的偿债能力和信用状况，从而决定是否向企业提供贷款。这有助于债权人降低信贷风险，保障资金安全。

3. 经营管理

管理层可以通过分析企业的财务比率，了解企业的财务状况和经营情况，从而制定更合理的经营策略。例如，通过分析存货周转率，管理层可以发现存货管理的问题并采取相应的措施加以改进。

4. 绩效评价

财务比率还可以作为企业绩效评价的重要依据。通过比较不同部门或不同时期的财务比率，可以评估企业或部门的经营绩效，为绩效考核提供客观依据。

（四）财务比率分析的局限性与注意事项

虽然财务比率分析在企业管理中具有重要作用，但也存在一定的局限性。首先，财务比率分析主要基于历史数据，无法完全预测企业未来的发展趋势。其次，不同行业、不同规模的企业之间可能存在较大的差异，因此在进行财务比率分析时需要考虑行业特点和企业规模等因素。此外，财务比率分析还需要注意数据的真实性和准确性，以避免因数据错误而导致分析结果的偏差。

三、财务趋势分析与预测

财务趋势分析与预测是企业财务管理中不可或缺的一环，它能够帮助企业识别出财务状况的潜在变化，从而为企业决策提供重要依据。以下将从四个方面对财务趋势分析与预测进行详细分析。

（一）财务趋势分析的概念与重要性

财务趋势分析是通过对企业历史财务数据的研究，揭示其财务状况和经营成果的变化趋势。这种分析方法可以帮助企业识别出财务状况的潜在变化，包括收入、成本、利润、现金流等方面的变化。财务趋势分析的重要性在于，它能够帮助企业更好地了解自身的经营状况，及时发现潜在问题，并采取相应的措施加以解决。同时，财务趋势分析也是制订财务预测和规划的基础，为企业未来的发展提供重要参考。

（二）财务趋势分析的方法与工具

财务趋势分析的方法和工具多种多样，包括横向分析、纵向分析、比率分析和趋势预测等。横向分析是将企业不同年度的财务数据进行对比，以揭示各项财务指标的变化趋势；纵向分析则是将同一年度的财务数据进行分解，以了解各项财务指标在不同时间段内的变化情况。比率分析是通过计算各种财务比率，来评估企业的财务状况和经营成果。趋势预测则是根据历史财务数据的变化趋势，预测企业未来的财务状况和经营成果。这些方法和工具可以相互结合使用，以提高财务趋势分析的准确性和有效性。

（三）财务趋势预测的步骤与技巧

财务趋势预测是在财务趋势分析的基础上，对企业未来的财务状况和经营成果进行预测。预测的步骤包括确定预测目标、收集历史数据、选择合适的预测方法、建立预测模型、进行预测计算和评估预测结果等。在预测过程中，需要注意选择合适的预测方法，如线性回归、时间序列分析、神经网络预测等，并根据实际情况进行调整和优化。同时，还需要注意数据的真实性和准确性，以及预测结果的合理性和可行性。

在财务趋势预测中，一些技巧也非常重要。例如，可以通过观察历史数据的波动情况，来预测未来的变化趋势；可以利用行业数据和市场趋势，来辅助预测企业的财务状况；还可以结合企业的战略规划和市场环境，来预测未来的经营成果。这些技巧可以帮助企业更准确地预测未来的财务状况和经营成果，为企业决策提供有力支持。

（四）财务趋势分析与预测的挑战与应对

财务趋势分析与预测面临着一些挑战，如数据的不确定性、预测方法的局限性、市场环境的复杂性等。这些挑战可能导致预测结果的不准确和不可靠。为了应对这些挑战，企业需要采取一些措施。首先，需要加强对历史数据的收集和分析，提高数据的准确性和可靠性；其次，需要不断尝试和探索新的预测方法和技术，以提高预测的准确性和有效性；最后，需要关注市场环境和行业趋势的变化，及时调整预测策略和方法。同时，企业还需要建立健全的内部控制和风险管理制度，确保财务趋势分析与预测的准确性和可靠性。

四、财务报表分析的局限性

财务报表分析作为企业财务状况和经营成果的重要评估工具，虽然能为企业利益相关者提供有价值的财务信息，但其本身也存在一定的局限性。以下将从四个方面对财务报表分析的局限性进行详细分析。

（一）历史性与时效性

财务报表分析主要基于历史数据，这些数据反映的是企业过去一段时间的财务状况和经营成果。然而，市场环境和企业经营环境是不断变化的，历史数据可能无法准确反映企业当前或未来的实际情况。此外，财务报告的披露和传递存在一定的时间间隔，使得财务报表信息具有滞后性，难以为信息使用者提供及时有效的决策支持。

针对这一局限性，投资者和分析师需要结合其他信息，如市场趋势、行业动态和企业公告等，对财务报表数据进行综合分析和判断。同时，企业也应加强信息披露的及时性，减少信息滞后带来的负面影响。

（二）信息质量限制

财务报表的质量直接影响到其分析结果的可靠性。然而，由于财务报表编制过程中的种种因素，如会计政策的选择、会计估计的确定、人为操纵等，可能导致财务报表信息失真或存在偏差。此外，财务报表所反映的信息有限，无法涵盖企业的所有经济活动和财务事项，使得分析结果可能存在一定的片面性。

为了克服这一局限性，投资者和分析师需要具备一定的财务知识和分析能力，对财务报表进行深入地剖析和解读。同时，企业也应加强内部控制和审计监督，确保财务报表的真实性和准确性。

（三）忽略非财务信息

财务报表主要关注的是企业的财务信息，如资产、负债、收入、费用等。然而，企业的价值创造和竞争优势往往来源于非财务因素，如企业文化、管理水平、技术创新等。这些非财务信息对于评估企业的整体价值和发展潜力具有重要意义，但在财务报表分析中往往被忽略。

为了弥补这一局限性，投资者和分析师需要关注企业的非财务信息，如行业地位、市场份额、创新能力等。同时，企业也应加强非财务信息的披露和沟通，帮助投资者和分析师更全面地了解企业的实际情况。

（四）难以预测未来

财务报表分析主要基于历史数据，虽然可以揭示企业过去一段时间的财务状况和经营成果，但难以准确预测企业未来的发展趋势。这是因为未来受到众多不确定因素的影响，如市场需求、政策变化、技术进步等，这些因素的变化可能对企业产生重大影响。

为了应对这一局限性，投资者和分析师需要关注市场动态和行业趋势，结合企业的战略规划和经营策略，对企业未来的发展趋势进行预测和判断。同时，企业也应加强市场研究和分析，及时把握市场动态和客户需求，为未来的发展制订合适的计划。

第三节　资本结构与融资策略

一、资本结构的理论框架

资本结构理论框架是财务学中的核心内容之一，它研究的是企业如何通过各种长期资本来源的构成和比例关系，达到优化企业财务状况、提升企业价值的目的。以下将从四个方面对资本结构的理论框架进行详细分析。

（一）资本结构的基本概念与重要性

资本结构是指企业长期资本的来源构成及其比例关系，主要包括股权资本和债务资本。股权资本是企业通过发行股票等方式筹集的资本，债务资本则是企业通过发行债券、向银行借款等方式筹集的资本。资本结构的选择不仅关系到企业的融资成本、风险承担，还直接影响到企业的市场价值和发展潜力。因此，合理的资本结构对于企业的稳健经营和持续发展至关重要。

在理解资本结构的基本概念时，需要注意其与短期资本结构的区别。短期资本主要用于满足企业日常经营活动的需要，其筹集和使用具有较大的灵活性和变化性，因此通常不纳入资本结构的理论框架中进行讨论。而长期资本则涉及企业的长期战略规划和投资决策，其筹集和使用需要更加谨慎和稳定。

（二）资本结构理论的发展历程

资本结构理论的发展历程可以追溯到早期的净收益理论和净营业收益理论。净收益理论认为，通过增加债务资本可以降低企业的综合资本成本，从而提高企业的市场价值。然而，净营业收益理论则认为，资本结构与企业价值无关，因为虽然债务资本可以降低资本成本，但同时也会增加企业的财务风险，导致权益资本成本的上升。

随着财务学研究的深入，MM 理论（含税条件下的结构资本理论）逐渐成为资本结构理论的核心。MM 理论最初提出，在完美的资本市场中，企业的价值与其资本结构无关。然而，这一结论在现实中难以成立，因为资本市场并非完全有效，且存在税收等因素的影响。因此，后续的 MM 理论逐渐引入税收、破产成本等因素，对资本结构与企业价值之间的关系进行了更加深入的研究。

（三）资本结构的影响因素

资本结构的选择受到多种因素的影响，包括企业内部因素和外部因素。企业内部因素主要包括企业的盈利能力、成长潜力、经营风险、资产结构等。盈利能力强的企业通常可以选择较高的债务比例，因为债务资本的利息支出可以在税前扣除，从而降低企业的综合资本成本。而经营风险较高的企业则需要保持较低的债务比例，以降低财务风险。

外部因素则主要包括市场环境、宏观经济政策、税收政策等。市场环境的变化会影响到企业的融资成本和融资渠道，从而影响到企业的资本结构。宏观经济政策和税收政策的变化也会对企业的资本结构产生影响，例如降低企业所得税率会鼓励企业增加债务融资。

（四）资本结构的优化与决策

资本结构的优化与决策是企业财务管理的重要任务之一。在优化资本结构时，企业需要综合考虑内部因素和外部因素，选择适合自己的资本结构。同时，企业还需要根据市场环境的变化和自身经营情况的变化，不断调整和优化资本结构。

在决策过程中，企业需要遵循一定的原则和方法。首先，企业需要明确自己的经营目标和战略规划，以确定合理的资本结构范围。其次，企业需要对各种融资方式进行比较和分析，选择成本最低、风险最小的融资方式。最后，企业还需要关注市场环境的变化和宏观经济政策的变化，及时调整和优化资本结构。

总之，资本结构的理论框架为企业提供了优化资本结构的理论基础和方法论指导。企业需要深入理解资本结构的概念、发展历程、影响因素及优化与决策的原则和方法，以实现企业财务状况的稳健经营和持续发展。

二、最优资本结构的确定

最优资本结构的确定是企业财务管理中的一项重要任务，它涉及企业长期资本来源的构成和比例关系，直接影响到企业的融资成本、风险承担及市场价值。以下将从四个方面对最优资本结构的确定进行详细分析。

（一）最优资本结构的定义与意义

最优资本结构是指在一定条件下，使企业加权平均资本成本最低、企业价值最大的资本结构。这里的"一定条件"通常包括市场环境、税收政策、企业风险承受能力等因素。最优资本结构的确定对于企业的意义在于，它能够帮助企业实现融资成本的最小化，同时降低财务风险，提升企业的市场价值。

在理解最优资本结构的定义时，需要注意其与最佳资金结构的区别。虽然两者都涉及企业资本结构的优化问题，但最优资本结构更多的是关注企业的市场价值最大化和加权平均资本成本最小化，而最佳资金结构则可能更侧重于满足企业特定的经营需求或战略目标。

（二）最优资本结构的影响因素

最优资本结构的确定受到多种因素的影响，这些因素可以分为内部因素和外部因素两大类。内部因素主要包括企业的盈利能力、经营风险、资产结构、成长潜力等。盈利能力强的企业通常可以选择较高的债务比例，而经营风险较高的企业则需要保持较低的债务比例以降低财务风险。此外，企业的资产结构和成长潜力也会影响到最优资本结构的确定。

外部因素则主要包括市场环境、税收政策、融资渠道等。市场环境的变化会影响到企业的融资成本和融资渠道，进而影响到最优资本结构的确定。税收政策的调整也会对企业的资本结构产生影响，例如降低企业所得税率会鼓励企业增加债务融资。此外，融资渠道的多样性也会影响到企业的资本结构选择。

（三）最优资本结构的确定方法

确定最优资本结构的方法有多种，其中比较常用的包括每股收益无差别点法、比较资金成本法和公司价值分析法。每股收益无差别点法通过分析每股收益与资本结构之间的关系来判断企业资本结构是否合理；比较资金成本法则通过计算各方案的加权平均资金成本来确定最优资本结构；公司价值分析法则是在充分反映公司财务风险的前提下，以公司价值的大小为标准来确定最优资本结构。

在实际应用中，企业可以根据自身的情况选择适合的方法来确定最优资本结构。需要注意的是，不同方法可能会得到不同的结果，因此企业需要综合考虑各种因素和方法，选择最符合自己实际情况的最优资本结构。

（四）最优资本结构的调整与优化

最优资本结构并非一成不变，随着市场环境的变化和企业自身情况的变化，最优资本结构也需要进行相应的调整和优化。在调整和优化最优资本结构时，企业需要考虑以下几个方面：一是市场环境的变化，包括宏观经济形势、行业竞争格局等因素；二是企业自身情况的变化，包括盈利能力、经营风险、资产结构等因素；三是融资成本和融资渠道的变化，包括债务融资和股权融资的成本和渠道变化。

在调整和优化最优资本结构时，企业需要遵循一定的原则和方法。首先，企业需要明确自己的经营目标和战略规划，以确定合理的资本结构范围。其次，企业需要对各种融资方式进行比较和分析，选择成本最低、风险最小的融资方式。最后，企业还需要关注市场环境的变化和宏观经济政策的变化，及时调整和优化最优资本结构。

三、资本结构与融资策略的风险管理

资本结构与融资策略的选择是企业运营中至关重要的决策，其背后涉及一系列风险管理的问题。有效的风险管理不仅能够保障企业的财务安全，还能为企业的长期发展提供有力支撑。以下将从四个方面分析资本结构与融资策略的风险管理。

（一）风险识别与评估

在资本结构与融资策略的风险管理中，风险识别与评估是首要环节。企业需要全面识别与融资活动相关的各类风险，包括但不限于财务风险、市场风险、流动性风险、利率风险等。对于每一种风险，企业都需要进行深入评估，分析其潜在影响、发生概率及可能带来的损失。通过风险识别与评估，企业能够清晰地了解自身面临的风险状况，为后续的风险管理提供依据。

在风险识别与评估过程中，企业需要运用科学的方法和工具，如风险矩阵、敏感性分析等，对风险进行量化和定性分析。同时，企业还需要建立完善的风险信息收集和报告机制，确保风险信息的准确性和及时性。

（二）风险分散与对冲

在识别并评估了风险之后，企业需要采取一系列措施来分散和对冲风险。首先，企业可以通过多样化的融资方式来降低单一融资方式带来的风险。例如，企业可以同时利用股权融资和债务融资，或者选择不同类型的债务融资（如短期贷款、长期贷款、债券等），以分散融资风险。其次，企业可以利用金融工具如期权、期货等对冲利率风险和汇率风险，降低市场波动对企业的影响。

在风险分散与对冲过程中，企业需要充分考虑自身的经营情况和市场环境，选择合适的分散和对冲策略。同时，企业还需要加强对金融市场的监测和分析，及时调整策略以应对市场变化。

（三）资本结构调整与优化

资本结构的调整与优化是风险管理的重要环节。企业需要根据市场环境的变化和自身经营情况的变化，及时调整和优化资本结构。具体而言，当市场环境发生变化时，如利率上升或下降、经济周期变化等，企业需要及时调整债务比例和债务期限结构，以降低财务风险。当企业自身经营情况发生变化时，如盈利能力提高或降低、经营规模扩大或缩小等，企业也需要相应地调整股权比例和债务比例，以优化资本结构。

在资本结构调整与优化过程中，企业需要综合考虑各种因素，如融资成本、风险承受能力、市场状况等。同时，企业还需要建立健全的决策机制和审批流程，确保资本结构调整的合理性和有效性。

（四）风险监控与应对

风险监控与应对是风险管理的持续过程。企业需要建立完善的风险监控机制，对融资活动进行持续的监控和评估。一旦发现潜在的风险问题或异常情况，企业需要及时采取应对措施，如调整融资策略、加强内部控制等，以降低风险损失。

在风险监控与应对过程中，企业需要加强内部沟通和协作，确保风险信息的及时传递和处理。同时，企业还需要建立健全的风险应对机制，明确各部门的职责和应对措施，确保风险应对的及时性和有效性。

第四节　投资决策与风险管理

一、投资决策的基本原则

投资决策是企业运营中至关重要的环节，它直接决定了企业资源的配置方向，影响着企业的长期发展。为了确保投资决策的科学性和合理性，企业在进行投资决策时必须遵循一系列基本原则。以下将从四个方面对投资决策的基本原则进行详细分析。

（一）风险与收益的平衡原则

投资决策中最为核心的原则之一就是风险与收益的平衡原则。企业在进行投资决策时，必须全面考虑投资项目所带来的预期收益，以及可能面临的风险。收益是企业进行投资活动的主要目的，而风险则是影响收益的重要因素。因此，在决策过程中，企业需要充分评估项目的风险和收益，力求在两者之间找到最佳平衡点。

在平衡风险与收益时，企业可以采用多种方法，如风险调整后的资本收益率（RAROC）模型、风险价值（VaR）模型等，来量化评估项目的风险和收益。同时，企业还应注重分散投资，通过将资金投向多个领域或项目，降低单一投资带来的风险。

（二）长期与短期的结合原则

企业在进行投资决策时，需要充分考虑长期与短期的结合。短期投资可能带来较快的收益，但也可能存在较高的风险；而长期投资则更注重企业的长期发展和稳定。因此，在决策过程中，企业需要权衡短期收益和长期发展的关系，制定既符合当前经营需要又有利于长远发展的投资策略。

在结合长期与短期时，企业可以制订明确的战略规划，明确企业的发展目标和方向。同时，企业还应注重培养长期竞争力，如技术创新、品牌建设等，以确保在激烈的市场竞争中保持领先地位。

（三）信息与决策的匹配原则

信息对于投资决策的准确性和有效性具有重要影响。企业在进行投资决策时，需要确保所依据的信息与决策目标相匹配。这要求企业在收集信息时具有针对性和全面性，能够准确反映项目的真实情况和发展前景。

在匹配信息与决策时，企业可以建立完善的信息收集和分析系统，对投资项目进行深入的调研和分析。同时，企业还应注重信息的时效性和准确性，及时更新和调整投资决策的依据。

（四）社会责任与经济效益的协调原则

企业在追求经济效益的同时，也需要承担相应的社会责任。因此，在进行投资决策时，企业需要充分考虑社会责任与经济效益的协调。这要求企业在选择投资项目时，不仅要关注项目的经济效益，还要关注项目对社会、环境等方面的影响。

在协调社会责任与经济效益时，企业可以积极参与公益事业和社会活动，履行社会责任。同时，企业还应注重绿色投资和可持续发展，推动企业的绿色转型和产业升级。通过积极履行社会责任和追求绿色投资，企业不仅能够获得社会的认可和支持，还能够为企业的长期发展奠定坚实基础。

二、投资项目评估与选择

在企业的战略规划和日常运营中，投资项目评估与选择是一个至关重要的环节。它涉及企业资源的优化配置、未来发展方向的确定及市场竞争力的提升。以下将从四个方面对投资项目评估与选择进行详细分析。

（一）市场分析与定位

市场分析与定位是投资项目评估与选择的首要步骤。通过对目标市场的深入分析和研究，企业可以了解市场的规模、需求、竞争格局及潜在的增长空间。这有助于企业确定投资项目的市场定位，明确项目的目标客户群体和竞争优势。

在进行市场分析与定位时，企业需要收集大量的市场数据，包括行业报告、市场调研结果、消费者行为分析等。通过对这些数据的分析，企业可以了解市场的整体趋势和消费者的需求变化，为投资项目的选择和评估提供有力的支持。

此外，企业还需要关注目标市场的竞争格局和潜在竞争对手。通过了解竞争对手的产品特点、营销策略和市场占有率等信息，企业可以评估自身在市场中的竞争地位和优势，为制定更加有效的投资策略提供指导。

（二）项目财务评估

项目财务评估是投资项目评估与选择的核心环节。它涉及对投资项目的盈利能力、投资回报率、资金流动性等关键财务指标的分析和评估。通过财务评估，企业可以了解投资项目的经济效益和投资风险，为投资决策提供重要的参考依据。

在进行项目财务评估时，企业需要收集相关的财务数据和信息，包括项目的成本、收入、利润等。同时，企业还需要运用财务分析方法和工具，如比率分析、趋势分析等，对项目的财务状况进行深入分析和评估。

此外，企业还需要考虑项目的资金需求和资金来源。通过制订详细的资金计划和融资方案，企业可以确保项目的资金需求得到满足，降低融资成本和风险。

（三）风险评估与应对

风险评估与应对是投资项目评估与选择中不可忽视的环节。任何投资项目都存在一定的风险，如市场风险、技术风险、管理风险等。因此，在投资决策之前，企业需要对这些潜在风险进行全面评估，并制定相应的应对策略。

在风险评估过程中，企业需要识别和分析各种潜在的风险因素，并评估其可能带来的损失和影响。同时，企业还需要根据风险的大小和性质，制定相应的风险应对策略，如风险规避、风险转移、风险降低等。

通过风险评估与应对，企业可以降低投资项目的风险水平，提高投资成功的概率。同时，这也有助于企业建立更加完善的风险管理体系，为未来的投资决策提供更加有力的保障。

（四）长期价值与战略匹配

在投资项目评估与选择中，企业还需要关注项目的长期价值和与企业战略的匹配程度。一个成功的投资项目不仅能够在短期内带来经济效益，还需要符合企业的长期发展战略和目标。

因此，在评估投资项目时，企业需要关注项目的长期增长潜力和对企业战略的支持程度。通过评估项目的市场前景、竞争优势、创新能力等关键因素，企业可以判断项目是否符合企业的长期发展战略和目标。

同时，企业还需要将投资项目的选择与企业的整体战略相衔接，确保项目的实施能够推动企业的整体发展和提升市场竞争力。通过选择与企业战略相匹配的投资项目，企业可以更加有效地利用资源，实现长期稳定的发展。

三、风险识别与评估方法

在企业的运营过程中，风险识别与评估是确保企业稳健发展的关键环节。有效的风险识别与评估方法能够帮助企业及时发现潜在风险，并制定相应的风险管理策略。以下将从四个方面对风险识别与评估方法进行详细分析。

（一）风险识别的方法

风险识别是风险管理的基础，其方法多样且各有特点。首先，企业可以采用头脑风暴法，通过组织专家团队进行集体讨论，激发创新思维，识别出可能存在的风险。这种方法有助于充分利用团队智慧，发现潜在风险。

其次，流程图法也是一种常用的风险识别方法。通过绘制企业运营流程图，可以清晰地展示企业运营过程中的各个环节和关键点，从而发现可能存在的风险点。流程图法有助于企业从整体上把握风险分布，为制定风险管理策略提供依据。

此外，故障树分析法（FTA）也是一种有效的风险识别方法。它通过分析可能导致特定故障发生的各种因素，构建一个层次分明的故障树，从而识别出各种潜在的风险因素。故障树分析法有助于企业深入了解风险发生的机理和过程，为制定针对性的风险管理措施提供支持。

（二）风险评估的指标体系

风险评估需要建立科学的指标体系，以便对识别出的风险进行量化分析和评价。首先，企业可以关注风险发生的可能性，即风险概率。通过收集历史数据和专家意见，对风险发生的可能性进行估计，从而评估风险的潜在威胁程度。

其次，风险影响程度也是风险评估的重要指标之一。它反映了风险发生后对企业运营和财务状况的潜在影响。企业可以通过分析风险对企业目标、战略和资源的潜在影响，评估风险的严重程度。

此外，企业还可以关注风险的可控性和可预测性。可控性反映了企业对风险的掌控能力，而可预测性则反映了风险发生的可预测程度。这两个指标有助于企业了解风险的特点和性质，为制定风险管理策略提供参考。

（三）风险评估的量化方法

为了更加准确地评估风险，企业可以采用一些量化方法。其中，风险矩阵法是一种常用的风险评估方法。它通过将风险发生的可能性和影响程度进行组合，形成一个二维矩阵，从而对风险进行量化评估。风险矩阵法有助于企业直观地了解风险的分布和严重程度，为制定风险管理措施提供依据。

此外，蒙特卡罗模拟法也是一种有效的风险评估量化方法。它通过建立数学模型，模拟不同情境下风险发生的可能性和影响程度，从而评估风险的整体水平和趋势。蒙特卡罗模拟法有助于企业了解风险的不确定性和动态性，为制定灵活有效的风险管理策略提供支持。

（四）风险识别与评估的持续性与动态性

风险识别与评估是一个持续且动态的过程。企业需要不断关注市场环境和内部条件的变化，及时调整和完善风险识别与评估的方法。首先，企业可以建立风险监测机制，定期收集和分析风险信息，以便及时发现潜在风险。其次，企业可以加强与外部机构的合作与交流，获取更广泛的风险信息和专业建议。此外，企业还可以借鉴其他企业的成功经验和教训，不断完善自身的风险识别与评估体系。

在风险识别与评估的过程中，企业还需要关注风险的演变和转化。有些风险可能会随着时间和环境的变化而发生变化，甚至转化为新的风险。因此，企业需要保持对风险的敏感性和警觉性，及时调整风险管理策略以应对新的风险挑战。

四、风险管理与控制策略

在企业的运营过程中，风险管理与控制是确保企业稳健发展的重要环节。通过制定和实施科学的风险管理与控制策略，企业可以有效降低风险，保障企业的持续健康发展。以下将从四个方面对风险管理与控制策略进行详细分析。

（一）风险管理与控制的基本原则

风险管理与控制的首要原则是确保企业的稳定运营和持续发展。在制定风险管理与控制策略时，企业需要充分考虑自身的实际情况，明确风险管理的目标和原则，确保风险管理与企业战略目标相一致。同时，企业还需要遵循合规性原则，确保风险管理与相关法律法规的要求相符合，避免违规操作带来的风险。

在风险管理与控制过程中，企业还需要注重全面性和系统性。全面性要求企业从多个角度和层面出发，全面识别和评估风险，确保不遗漏任何潜在风险。系统性则要求企业建立科学的风险管理体系，将风险管理贯穿于企业的各个运营环节，确保风险管理与企业整体运营相协调。

（二）风险识别与评估的持续监控

风险识别与评估是风险管理与控制的基础。为了确保风险管理的有效性，企业需要建立持续监控机制，对风险进行实时监测和评估。通过定期收集和分析风险信息，企业可以及时发现潜在风险，并采取相应的措施进行应对。

在持续监控过程中，企业还需要关注风险的演变和转化。有些风险可能会随着时间和环境的变化而发生变化，甚至转化为新的风险。因此，企业需要保持对风险的敏感性和警觉性，及时调整风险管理策略以应对新的风险挑战。

（三）风险应对策略的制定与实施

针对识别出的风险，企业需要制定相应的风险应对策略。风险应对策略的制定应充分考虑风险的性质、影响程度和可控性等因素，确保应对策略的有效性和针对性。常见的风险应对策略包括风险规避、风险转移、风险降低和风险接受等。

在实施风险应对策略时，企业需要注重策略的可操作性和可执行性。同时，企业还需要加强风险应对能力的建设，提升员工的风险意识和应对能力，确保风险应对策略的有效实施。

（四）风险管理与控制的文化建设

风险管理与控制的文化建设是企业实现风险管理长期有效的关键。通过加强风险管理与控制的文化建设，企业可以形成全员参与风险管理的良好氛围，提高员工的风险意识和风险管理能力。

在文化建设过程中，企业需要注重风险管理的宣传和培训。通过定期举办风险管理培训和宣传活动，提高员工对风险管理的认识和重视程度。同时，企业还需要建立风险管理的激励机制和约束机制，鼓励员工积极参与风险管理活动，并对违反风险管理规定的行为进行惩罚。

此外，企业还需要加强与外部机构的合作与交流。通过借鉴其他企业的成功经验和教训，不断完善自身的风险管理与控制体系。同时，企业还可以与行业协会、监管机构等外部机构建立合作关系，共同推动风险管理水平的提升。

第五节　企业财务战略与规划

一、财务战略的类型与选择

在企业的战略规划中，财务战略的选择对于企业的长期发展具有至关重要的影响。财务战略是企业为了实现其长期目标，对资金筹集、使用和分配等财务活动进行的总体谋划和安排。以下将从四个方面对财务战略的类型与选择进行详细分析。

（一）财务战略的类型

财务战略可以根据企业的不同发展目标和市场环境，分为多种类型。其中，最常见的类型包括扩张型财务战略、稳健型财务战略和防御收缩型财务战略。

1. 扩张型财务战略

这种战略主要适用于处于成长期或成熟期的企业，其目标是通过扩大企业规模、增加市场份额等方式，实现企业的快速增长。在资金筹集方面，企业可能会选择通过外部融资、发行股票或债券等方式筹集资金；在资金使用方面，企业会加大投资力度，扩大生产规模，提高市场份额。

2. 稳健型财务战略

稳健型财务战略适用于那些追求稳定发展的企业。在资金筹集方面，企业可能更倾向于利用内部积累的资金，减少外部融资的依赖；在资金使用方面，企业会注重资金的使用效率，控制成本，保持稳定的盈利能力。

3. 防御收缩型财务战略

当企业面临外部环境恶化、市场竞争加剧等不利因素时，可能会选择防御收缩型财务战略。这种战略的目标是通过减少投资、降低成本、提高资产利用效率等方式，减少企业的财务压力，保持企业的生存能力。

（二）财务战略选择的因素

企业在选择财务战略时，需要考虑多种因素。首先，企业需要考虑自身的发展阶段和实力。处于不同发展阶段的企业，其资金需求和风险承受能力不同，因此需要选择不同的财务战略。其次，企业需要关注市场环境的变化。市场环境的变化会影响企业的销售收入、成本结构等，进而影响企业的盈利能力。因此，企业需要根据市场环境的变化，灵活调整财务战略。此外，企业还需要考虑宏观经济因素、政策因素等外部因素对企业财务活动的影响。

（三）财务战略选择的步骤

企业在选择财务战略时，需要遵循一定的步骤。首先，企业需要对自身的内外部环境进行全面分析，了解自身的优势和劣势、面临的机会和威胁。其次，企业需要明确自身的长期发展目标，确定财务战略的目标和方向。然后，企业需要根据目标制定具体的财务战略方案，包括资金筹集、使用、分配等方面的具体安排。最后，企业需要对财务战略的实施效果进行定期评估和调整，确保财务战略的有效性和适应性。

（四）财务战略实施中的挑战与对策

在实施财务战略的过程中，企业可能会面临多种挑战。例如，市场环境的变化可能导致企业原有的财务战略失效；企业内部的组织结构、管理制度等因素也可能影响财务战略的实施效果。为了应对这些挑战，企业需要加强市场研究，及时调整财务战略；同时，企业还需要加强内部管理，提高组织结构的灵活性和适应性；此外，企业还需要加强人才培养和引进，提高财务管理人员的专业素质和创新能力。

总之，财务战略的选择是企业战略规划中的重要组成部分。企业在选择财务战略时，需要考虑多种因素并遵循一定的步骤；同时，在实施财务战略的过程中也需要应对多种挑战并采取相应的对策以确保财务战略的有效性和适应性。

二、财务规划的制订与实施

财务规划是企业为实现其长期战略目标，对财务活动进行系统性、前瞻性的安排和部署。有效的财务规划有助于企业合理分配资源、降低财务风险、提升经济效益。以下将从四个方面对财务规划的制订与实施进行详细分析。

（一）财务规划制订的基础

财务规划的制订依赖于企业对内部条件和外部环境的全面分析。内部条件包括企业的财务状况、经营成果、组织结构、管理制度等；外部环境则包括宏观经济形势、行业发展趋势、市场竞争状况等。通过对这些信息的搜集、整理和分析，企业可以明确自身的优势和劣势，识别出潜在的机会和威胁，为财务规划的制订提供有力支持。

在财务规划制订的过程中，企业还需要明确其长期战略目标。长期战略目标是企业发展的方向和指引，也是财务规划制订的出发点和落脚点。企业应根据其经营特点、市场地位等因素，确定长期战略目标的具体内容和实现路径，为财务规划的制订提供明确的方向。

（二）财务规划的内容与结构

财务规划的内容涵盖了企业的资金筹集、使用、分配等各个方面。具体而言，财务规划应包括以下几个方面：

1. 资金筹集规划

根据企业的资金需求，确定资金筹集的方式、渠道和规模，确保企业能够获取足够的资金支持其长期发展。

2. 投资规划

根据企业的战略目标和市场环境，确定投资的方向、领域和规模，以实现企业的价值最大化。

3. 成本费用规划

通过制订合理的成本费用预算，控制企业的成本支出，提高企业的盈利能力。

4. 利润分配规划

根据企业的盈利情况和股东需求，制定合理的利润分配方案，平衡股东利益和企业发展的关系。

在财务规划的结构上，企业应注重其层次性和系统性。具体而言，财务规划应分为长期规划、中期规划和短期规划三个层次，以确保规划的连贯性和可操作性。同时，财务规划还应与企业的其他规划（如经营规划、人力资源规划等）相互衔接、协调配合，形成一个完整的规划体系。

（三）财务规划的实施与监控

财务规划的实施是将其从纸面落实到实际行动的过程。在实施过程中，企业应注重以下几个方面：

1. 明确责任与分工

将财务规划的各项任务分解到具体的部门和人员，明确其责任与分工，确保规划的顺利推进。

2. 加强沟通与协调

建立有效的沟通机制，加强各部门之间的沟通与协调，确保规划的顺利实施。

3. 监控与评估

定期对财务规划的实施情况进行监控和评估，发现问题及时采取措施进行纠正和调整。

此外，企业还应建立财务规划实施的激励机制和约束机制，以激发员工的积极性和创造力，确保财务规划的有效实施。

（四）财务规划的调整与优化

财务规划是一个动态的过程，需要随着企业内外部环境的变化而不断调整和优化。在调整与优化过程中，企业应注重以下几个方面：

1. 关注市场环境的变化：市场环境的变化可能对企业的经营和财务活动产生重大影响。因此，企业应密切关注市场环境的变化，及时调整财务规划以适应新的市场环境。

2. 分析企业的实际执行情况：企业的实际执行情况是评估财务规划效果的重要依据。通过对实际执行情况的分析，企业可以发现规划中存在的问题和不足，为调整和优化提供依据。

3. 借鉴先进经验：借鉴其他企业的先进经验和方法，可以帮助企业更好地制订和实施财务规划。因此，企业应加强与其他企业的交流与合作，不断吸收借鉴先进经验和方法。

总之，财务规划的制订与实施是企业财务管理的重要环节。通过对财务规划的全面分析、科学制订和有效实施，企业可以更好地实现其长期战略目标，提升经济效益和市场竞争力。

三、财务战略与业务战略的协调

财务战略与业务战略的协调是企业实现长期可持续发展的关键所在。财务战略关注资金的筹集、使用和分配，而业务战略则聚焦于市场定位、产品开发、市场拓展等方面。两者的协调统一，有助于企业优化资源配置，提高运营效率，从而在激烈的市场竞争中保持优势。以下将从四个方面对财务战略与业务战略的协调进行详细分析。

（一）财务战略与业务战略协调的必要性

财务战略与业务战略的协调是企业实现战略目标的重要保证。首先，财务战略为业务战略的实施提供资金支持，确保业务活动能够顺利进行。同时，业务战略的实施也影响着财务战略的制订和调整，两者相互依存、相互影响。其次，财务战略与业务战略的协调有助于企业优化资源配置，提高资源利用效率。通过财务数据的分析，企业可以更加准确地了解市场需求和竞争态势，为业务战略提供有力支持。最后，财务战略与业务战略的协调还有助于企业降低财务风险，提高经济效益。通过制订合理的财务战略，企业可以更好地应对市场变化，降低经营风险，确保企业的稳健发展。

（二）财务战略与业务战略协调的基本原则

财务战略与业务战略的协调应遵循以下基本原则：一是目标一致性原则。财务战略与业务战略的目标应保持一致，共同服务于企业的长期战略目标。二是协同性原则。财务战略与业务战略应相互支持、相互促进，形成合力。三是灵活性原则。财务战略与业务战略应具有一定的灵活性，能够根据市场变化和企业实际情况进行调整和优化。四是风险可控性原则。在协调过程中，应充分考虑风险因素，制订有效的风险管理措施，确保企业的稳健发展。

（三）财务战略与业务战略协调的实施路径

要实现财务战略与业务战略的协调，企业可以采取以下实施路径：一是加强财务与业务部门的沟通与合作。财务部门和业务部门应建立定期沟通机制，加强信息共享和交流，共同制订财务和业务计划。二是制订综合性的财务和业务规划。企业应根据长期战略目标，制订综合性的财务和业务规划，明确资金筹集、使用、分配和业务发展的方向和目标。三是优化资源配置。企业应根据财务和业务规划，合理配置资源，确保资源的最大化利用和最佳组合。四是建立有效的风险管理机制。企业应制订风险管理政策和措施，对财务和业务活动进行风险评估和监控，及时发现和应对潜在风险。

（四）财务战略与业务战略协调的持续优化

财务战略与业务战略的协调是一个持续优化的过程。企业应不断关注市场变化和企业实际情况，对财务和业务战略进行调整和优化。具体而言，企业可以采取以下措施：一是定期评估财务和业务战略的实施效果。企业可以定期对财务和业务战略的实施效果进行评估，发现问题及时采取措施进行改进。二是加强人才培养和引进。企业应注重财务和业务人才的培养和引进，提高员工的专业素质和创新能力，为财务和业务战略的协调提供有力支持。三是加强信息技术应用。企业可以利用信息技术手段，提高财务和业务数据的收集、分析和处理能力，为财务和业务战略的协调提供有力支持。四是建立学习型组织。企业应建立学习型组织，鼓励员工不断学习新知识、新技能，提高员工的综合素质和创新能力，为财务和业务战略的协调提供源源不断的动力。

总之，财务战略与业务战略的协调是企业实现长期可持续发展的重要保障。企业应充分认识财务战略与业务战略协调的必要性，遵循基本原则，采取有效的实施路径和持续优化措施，确保财务战略与业务战略的协调统一，为企业的稳健发展奠定坚实基础。

四、财务战略与规划的评估与调整

财务战略与规划是企业实现长期目标的重要工具，然而市场环境和企业内部条件的变化往往要求对这些战略和规划进行适时的评估与调整。以下将从四个方面对财务战略与规划的评估与调整进行深入分析。

（一）评估与调整的重要性

财务战略与规划的评估与调整对于企业的持续健康发展至关重要。首先，市场环境的变化可能会对企业的财务状况和业务运营产生重大影响，因此，定期评估财务战略与规划的有效性，并根据需要进行调整，是企业适应市场变化、保持竞争力的关键。其次，企业内部条件的变化，如技术进步、人员流动等，也可能要求财务战略与规划进行相应的调整，以确保其与企业的实际情况相符。最后，通过评估与调整，企业可以及时发现财务战略与规划中存在的问题和不足，并采取有效措施加以改进，从而提高财务战略与规划的科学性和有效性。

（二）评估与调整的原则

在进行财务战略与规划的评估与调整时，应遵循以下原则：一是客观性原则。评估与调整应基于客观的市场数据和企业实际情况，避免主观臆断和偏见。二是全面性原则。评估与调整应涵盖财务战略与规划的各个方面，包括资金筹集、使用、分配等各个环节。三是及时性原则。评估与调整应根据市场变化和企业内部条件的变化及时进行，避免滞后和延误。四是灵活性原则。评估与调整应具有一定的灵活性，能够根据具体情况进行调整和优化。

（三）评估与调整的内容与方法

财务战略与规划的评估与调整主要包括以下内容和方法：

1. 评估内容

评估内容应包括财务战略与规划的目标是否与企业长期战略目标相符、资金筹集方式是否合理、资金使用效率是否高效、利润分配政策是否公平合理等方面。

2. 评估方法

评估方法可以采用定量分析和定性分析相结合的方式。定量分析主要通过财务指标如利润率、流动比率、资产负债率等对企业的财务状况进行评估；定性分析则通过专家评估、市场调查等方式对企业的市场地位、竞争优势等进行评估。

3. 调整内容

根据评估结果，对财务战略与规划进行必要的调整。调整内容可能包括改变资金筹集方式、优化资金使用结构、调整利润分配政策等。

4. 调整方法

调整方法应根据具体情况而定，可以采取逐步调整、全面调整等方式。在调整过程中，应充分考虑企业的实际情况和市场环境，确保调整后的财务战略与规划更加符合企业的需要。

（四）评估与调整的持续性与改进

财务战略与规划的评估与调整是一个持续的过程，需要不断进行改进和优化。首先，企业应建立定期评估与调整的制度，确保财务战略与规划始终与企业的实际情况和市场环境保持一致。其次，企业应关注市场变化和企业内部条件的变化，及时调整财务战略与规划，以适应新的市场环境和挑战。最后，企业应不断学习和借鉴先进的管理理念和经验，提高财务战略与规划的科学性和有效性，为企业的长期稳定发展提供有力支持。

第七章 环境保护与绿色经济

第一节 环境保护与经济发展的关系

一、环境保护与经济发展的相互依存

环境保护与经济发展之间存在着密切且不可分割的联系，二者相互依存、相互影响。在当今社会，环境保护已经成为经济发展不可忽视的重要因素。以下从四个方面深入探讨环境保护与经济发展的相互依存关系。

（一）环境保护是经济发展的基础

经济发展与环境保护之间的紧密联系，首先体现在环境保护作为经济发展的基础作用。良好的自然环境是经济活动的基本前提和条件，它为人类提供了生产所需的自然资源和生态环境。只有保护好环境，才能确保资源的可持续利用，为经济发展提供源源不断的动力。同时，优美的自然环境也是吸引投资、促进旅游等经济活动的重要因素。因此，环境保护不仅关系到人们的生存质量，更是经济发展的重要基石。

（二）经济发展为环境保护提供支持

经济发展为环境保护提供了重要的支持。经济发展意味着技术的进步、产业的升级和人们生活水平的提高，这些都有助于提高环境质量。首先，技术进步为环境保护提供了更多的手段和方法，如清洁能源的使用、污染物的治理等。其次，产业升级有助于减少对环境的破坏，推动形成绿色低碳的产业体系。此外，随着人们生活水平的提高，人们更加关注环境质量，对环境保护的意识和需求也日益增强，这为环境保护提供了更广泛的社会支持。

（三）环境保护与经济发展的协同推进

环境保护与经济发展之间并不是对立的，而是可以相互促进、协同推进的。一方面，环境保护可以促进经济的可持续发展，避免走"先污染后治理"的老路。通过加强环境监管、推动绿色技术创新等措施，可以在保护环境的同时实现经济的稳定增长。另一方面，经济发展也可以为环境保护提供更多的资金和技术支持，推动环保产业的发展和壮大。因此，我们应该摒弃"经济发展与环境保护相冲突"的错误观念，积极探索二者之间的协同推进之路。

（四）环境保护与经济发展的长远视野

我们需要从长远的视角来看待环境保护与经济发展的关系。环境保护不仅仅是为了解决当前的环境问题，更是为了保障人类未来的生存和发展。经济发展也不应该只追求短期的利益，而应该注重长期的可持续发展。因此，我们需要将环境保护和经济发展放在同等重要的位置，通过制定合理的政策、加强国际合作等措施，共同推动环境保护与经济发展的协同发展。同时，我们也需要提高公众的环保意识，让更多的人参与到环保行动中来，共同为构建美好的生态环境和繁荣的经济社会贡献力量。

综上所述，环境保护与经济发展之间存在着密切且不可分割的联系。我们需要从多个方面深入探讨二者之间的相互作用和依存关系，并积极探索协同推进之路。只有这样，我们才能实现经济的可持续发展和环境的长期改善。

二、环境成本与经济活动的考量

在现代经济活动中，环境成本作为一个不可忽视的因素，日益受到社会各界的关注。环境成本不仅涉及资源的消耗和环境的破坏，还与经济活动的决策、实施和评估密切相关。以下从四个方面对环境成本与经济活动的考量进行详细分析。

（一）环境成本的定义与内涵

环境成本是指由于经济活动造成的环境污染、生态破坏和资源耗竭等问题，而需要付出的代价。这些代价不仅包括直接的经济支出，如治理污染的费用、资源开采的补偿等，还包括间接的成本，如生态服务功能的丧失、人体健康的损害等。环境成本的内涵丰富，涉及资源、环境、生态等多个方面，是经济活动必须考虑的重要因素。

（二）环境成本对经济活动的直接影响

环境成本对经济活动的直接影响体现在多个方面。首先，环境成本的高低直接影响到企业的生产成本和盈利能力。随着环保法规的日益严格，企业需要投入更多的资金和资源用于环境治理和生态保护，这会增加企业的生产成本。同时，环境成本的增加也会降低企业的竞争力，影响企业的长期发展。其次，环境成本还会影响消费者的购买决策。消费者对环保产品的需求日益增加，对环境污染和资源浪费的关注度也在不断提高。因此，企业在生产过程中需要考虑环境成本，以满足消费者的需求。最后，环境成本还会影响国家的经济发展战略和产业政策。政府需要制定更加严格的环保法规和政策，推动企业向绿色低碳方向发展，以实现可持续发展。

（三）经济活动对环境成本的影响机制

经济活动对环境成本的影响机制复杂多样。一方面，经济活动会直接消耗资源和能源，产生污染物和废弃物，对环境造成破坏和污染。这些破坏和污染会转化为环境成本，需要企业和社会进行治理和修复。另一方面，经济活动还会通过间接的方式对环境成本产生影响。例如，企业的生产活动会改变土地利用方式、破坏生态系统平衡等，这些变化会进一步加剧环境成本的增加。此外，经济活动的规模和结构也会对环境成本产生影响。规模越大的企业，其经济活动对环境的影响也越大；而高污染、高能耗的产业也会增加环境成本。

（四）环境成本与经济活动的平衡与协调

为了实现环境成本与经济活动的平衡与协调，需要采取一系列措施。首先，需要建立健全的环境成本核算体系，将环境成本纳入企业的成本核算中，以便更准确地评估企业的经济效益和环境效益。其次，需要加大环保法规的制定和执行力度，推动企业遵守环保法规、降低环境成本。同时，政府还可以通过财政、税收等手段引导企业向绿色低碳方向发展。此外，还需要加强环境教育和宣传工作，提高公众的环保意识和参与度。最后，需要推动国际合作与交流，共同应对全球性的环境问题和挑战。

总之，环境成本与经济活动之间存在着密切且不可分割的联系。在经济发展过程中，我们需要充分考虑环境成本的影响，采取措施降低环境成本、促进经济的可持续发展。同时，也需要加大环保法规的制定和执行力度、提高公众的环保意识和参与度等措施的落实与推进。

三、环境外部性与市场机制

环境外部性与市场机制之间的关系是经济学中一个复杂而重要的议题。环境外部性指的是一个经济主体的活动对另一个经济主体产生的不经过市场交换的影响，这种影响可能是正面的（即正外部性），也可能是负面的（即负外部性）。而市场机制则是通过供求、价格、竞争等要素来配置资源的一种方式。以下将从四个方面对环境外部性与市场机制的关系进行深入分析。

（一）环境外部性的性质与特征

环境外部性具有非市场性、伴随性、关联性和强制性等特征。非市场性意味着环境外部性的影响不通过市场发挥作用，无法通过市场价格机制进行直接调节。伴随性则表明环境外部性通常是经济活动过程中的副产品，而非经济主体主动追求的结果。关联性体现在环境外部性对受损者福利的影响上，这种影响是直接的、可感知的，并且可能长期存在。强制性则意味着环境污染的外部性强加于承受者身上，不以承受者的意志为转移。

（二）市场机制对环境外部性的处理困境

市场机制在处理环境外部性时面临着一些困境。首先，由于环境外部性的非市场性，市场机制无法直接通过价格机制来反映和调节这种影响。其次，市场机制中的供求、价格等要素在环境外部性面前显得力不从心，因为它们无法准确反映环境资源的稀缺性和价值。此外，市场机制中的竞争机制也可能加剧环境外部性的产生，因为企业为了降低成本、提高竞争力，可能会忽视环境保护和污染治理。

（三）市场机制与环境外部性的协调与整合

虽然市场机制在处理环境外部性时面临困境，但并不意味着市场机制与环境外部性完全对立。事实上，市场机制与环境外部性之间存在一定的协调与整合空间。首先，政府可以通过制定环保法规和政策来规范企业的行为，减少环境外部性的产生。这些法规和政策可以包括排放标准、资源税、排污权交易等，它们可以通过市场机制来发挥作用，引导企业减少污染、保护环境。其次，市场机制中的价格机制也可以在一定程度上反映环境资源的价值，促进资源的合理利用和节约。例如，通过提高资源税、实施碳排放权交易等措施，可以引导企业减少资源消耗和碳排放。

（四）环境外部性与市场机制的综合治理策略

针对环境外部性与市场机制之间的关系，我们需要采取综合治理策略。首先，政府应发挥主导作用，制定严格的环保法规和政策，规范企业的行为，减少环境外部性的产生。同时，政府还可以通过财政、税收等手段来激励企业采取环保措施、推动绿色产业的发展。其次，应充分发挥市场机制在资源配置中的基础性作用，通过价格机制、供求机制等要素来引导企业合理利用资源、减少污染。此外，还需要加大环境监管和执法力度，确保环保法规和政策得到有效执行。最后，需要加强环境教育和宣传工作，提高公众的环保意识和参与度，形成全社会共同关注环境保护的良好氛围。

综上所述，环境外部性与市场机制之间存在密切关系。在处理环境外部性时，我们既要看到市场机制所面临的困境和挑战，也要看到市场机制与环境外部性之间的协调与整合空间。通过采取综合治理策略、发挥政府的主导作用和市场机制的基础性作用、加大环境监管和执法力度及提高公众的环保意识和参与度等措施，我们可以有效应对环境外部性带来的挑战、实现经济的可持续发展。

四、绿色经济与可持续发展的理念

绿色经济与可持续发展的理念，是当今社会发展的重要指导思想，它们不仅关注经济增长的数量，更强调经济增长的质量和对环境的友好性。以下从四个方面对绿色经济与可持续发展的理念进行深入分析。

（一）绿色经济的核心理念

绿色经济的核心理念在于将环境保护和经济发展紧密结合，实现经济、社会和环境的和谐共生。它强调通过技术创新和制度创新，推动绿色产业的发展，提高资源利用效率，减少环境污染，促进经济的可持续发展。绿色经济倡导的是一种以低能耗、低排放、高效率为特征的经济发展模式，它要求企业在生产过程中充分考虑环境成本，采取环保措施，实现经济效益和环境效益的双赢。

（二）可持续发展的核心要素

可持续发展的核心要素包括经济、社会和环境三个方面。经济可持续发展要求实现经济的稳定增长，提高人民生活水平，同时降低资源消耗和环境污染；社会可持续发展强调社会公正、公平和稳定，保障人民的基本权利和福利；环境可持续发展则要求保护生态系统的健康和完整性，维护地球生命的多样性。可持续发展的理念强调的是一种长期、稳定、协调的发展模式，它要求我们在满足当前需求的同时，不损害未来世代满足其需求的能力。

（三）绿色经济与可持续发展的内在联系

绿色经济与可持续发展之间存在着密切的联系。首先，绿色经济是实现可持续发展的经济基础和重要手段。通过发展绿色经济，我们可以推动产业结构的优化升级，提高资源利用效率，减少环境污染，为实现经济、社会和环境的协调发展提供有力支撑。其次，可持续发展为绿色经济的发展提供了方向和目标。可持续发展的理念要求我们在经济发展过程中充分考虑环境和社会因素，实现经济增长与环境保护的协调统一，这为绿色经济的发展提供了明确的指导方向。最后，绿色经济与可持续发展相互促进、相互依存。绿色经济的发展有助于推动可持续发展的实现，而可持续发展的理念也为绿色经济的发展提供了广阔的空间和机遇。

（四）推动绿色经济与可持续发展的策略

为了推动绿色经济与可持续发展的实现，我们需要采取一系列策略。首先，加强政策引导和支持。政府应制定相关政策和法规，鼓励企业采用环保技术和生产方式，推动绿色产业的发展。同时，政府还应加大对环保产业的投入和支持力度，提高环保产业的竞争力和市场地位。其次，加强科技创新和人才培养。科技创新是推动绿色经济发展的重要动力，我们应加强对环保技术的研发和应用，提高环保技术的水平和效率。同时，我们还应加强人才培养和引进工作，培养一批具备环保意识和专业技能的人才队伍。再次，加强国际合作与交流。环境问题是一个全球性的问题，需要各国共同努力来解决。我们应加强与国际社会的合作与交流，共同推动绿色经济的发展和可持续实现的进程。最后，加强社会宣传和教育工作。我们应加强对绿色经济和可持续发展理念的宣传和教育工作，提高公众对环保问题的认识和关注度，形成全社会共同关注环保、参与环保的良好氛围。

第二节 绿色经济的概念与特点

一、绿色经济的定义与内涵

绿色经济作为一种新兴的经济发展理念和实践，日益成为国际社会关注的焦点。它不仅关注经济增长的数量，更强调经济增长的质量和对环境的友好性。

（一）绿色经济的概念界定

绿色经济，简而言之，就是在保护环境和资源的前提下，通过技术革新和制度创新等手段，实现经济增长与社会可持续发展的新型经济模式。它强调经济发展与环境保护的和谐统一，追求经济效益、社会效益和环境效益的共赢。绿色经济既是一种全新的发展理念，也是一种具体的发展模式，旨在实现人类社会的可持续发展。

（二）绿色经济的核心特征

绿色经济的核心特征主要体现在以下几个方面：一是资源节约和循环利用。绿色经济注重资源的节约和高效利用，通过发展循环经济、推行清洁生产等方式，减少资源消耗和浪费，提高资源利用效率。二是环境友好和低碳发展。绿色经济强调在经济发展过程中减少对环境的负面影响，通过推广低碳技术、发展清洁能源等方式，降低温室气体排放，保护生态环境。三是创新驱动和绿色发展。绿色经济以科技创新为核心驱动力，通过研发和应用新技术、新工艺、新材料等，推动绿色产业的发展和升级，实现经济的高质量发展。四是公平共享和包容性发展。绿色经济强调经济发展的公平性和包容性，关注弱势群体和贫困地区的发展，促进社会公平和可持续发展。

（三）绿色经济的内涵

绿色经济的内涵十分丰富，涵盖了经济、社会和环境等多个方面。从经济层面来看，绿色经济注重经济增长的质量和效益，追求绿色 GDP 的增长，即扣除环境成本后的经济增长。同时，绿色经济也关注产业结构的优化升级，推动绿色产业的发展，形成绿色产业体系。从社会层面来看，绿色经济强调社会公平和包容性发展，关注人民群众的生活质量和幸福感。它注重解决环境污染、资源枯竭等问题，提高人民的生活环境和生活质量。从环境层面来看，绿色经济致力于保护生态系统的健康和完整性，维护地球生命的多样性。它强调在经济发展过程中减少对环境的负面影响，推动生态环境质量的持续改善。绿色经济的实践意义在于推动经济社会的可持续发展。首先，绿色经济有助于解决资源环境问题。通过发展绿色产业、推广清洁能源等方式，可以减少对自然资源的过度依赖和消耗，降低环境污染和生态破坏的程度。其次，绿色经济有助于推动经济转型升级。绿色产业的发展可以带动相关产业链的发展和创新，推动经济结构的优化升级和高质量发展。最后，绿色经济有助于促进社会公平和可持续发展。它关注弱势群体和贫困地区的发展问题，促进社会公平和共同富裕的实现。同时，绿色经济也强调经济发展的长期性和稳定性，为子孙后代留下更多的生存空间和发展机会。

二、绿色经济的核心要素

绿色经济作为推动经济社会可持续发展的重要途径，其核心要素构成了其独特的发展框架和动力源泉。以下从四个方面对绿色经济的核心要素进行深入分析。

（一）资源节约与高效利用

资源节约与高效利用是绿色经济的首要核心要素。在全球资源日益紧张的背景下，绿色经济强调通过技术创新和管理创新，实现资源的最大化利用和最小化消耗。这包括提高资源开采和加工的技术水平，减少资源浪费和损耗；推动循环经济和资源回收产业的发展，实现废弃物的资源化利用；倡导绿色消费和生产方式，降低产品和服务对资源的依赖程度。通过资源节约与高效利用，绿色经济不仅能够满足当前经济社会发展的需要，还能够为未来的发展留下足够的资源空间。

（二）环境保护与生态修复

环境保护与生态修复是绿色经济的另一核心要素。随着工业化和城市化的快速发展，环境污染和生态破坏问题日益严重。绿色经济强调在经济发展的过程中，必须注重环境保护和生态修复工作。这包括加大环境监管和执法力度，严格限制污染排放和破坏环境的行为；推动绿色技术和清洁能源的发展和应用，减少污染物的产生和排放；加强生态保护和修复工作，恢复和改善生态系统的功能和结构。通过环境保护与生态修复，绿色经济能够实现经济增长与环境保护的协调统一，为人类社会的可持续发展创造良好的生态环境。

（三）创新驱动与绿色发展

创新驱动与绿色发展是绿色经济的又一核心要素。绿色经济的发展离不开科技创新的支撑和推动。通过加大科技创新和研发力度，推动绿色技术的研发和应用，绿色经济能够实现产业结构的优化升级和经济质量的提升。同时，创新驱动还能够推动绿色产业的快速发展和壮大，形成绿色经济的核心竞争力。绿色发展则强调在经济发展的过程中，注重生态环境的保护和改善，实现经济、社会和环境的协调发展。通过绿色发展和创新驱动的相互促进，绿色经济能够推动经济社会的可持续发展。

（四）政策引导与市场机制

政策引导与市场机制是绿色经济的重要核心要素。绿色经济的发展需要政府的政策引导和支持。政府可以通过制定绿色经济政策、提供财政补贴和税收优惠等措施，鼓励企业和个人参与绿色经济活动，推动绿色经济的发展。同时，市场机制也在绿色经济的发展中发挥着重要作用。通过市场机制的作用，绿色产品和服务能够更好地满足市场需求，推动绿色产业的发展和壮大。此外，市场机制还能够促进资源的优化配置和高效利用，推动绿色经济的可持续发展。政策引导与市场机制的有机结合，能够为绿色经济的发展提供有力的制度保障和动力支持。

综上所述，资源节约与高效利用、环境保护与生态修复、创新驱动与绿色发展以及政策引导与市场机制是绿色经济的核心要素。这些要素相互作用、相互促进，共同构成了绿色经济的发展框架和动力源泉。通过推动这些核心要素的发展和完善，我们可以实现绿色经济的可持续发展，为经济社会的可持续发展做出积极贡献。

三、绿色经济与传统经济的区别

绿色经济作为一种新兴的经济模式，与传统经济在多个方面存在显著的区别。以下从四个维度深入剖析绿色经济与传统经济的不同之处。

（一）经济发展理念与目标

传统经济在发展理念上主要追求经济增长的速度和规模，往往以 GDP 增长为首要目标，忽视了经济发展对环境和社会的长期影响。而绿色经济则强调经济发展与环境保护的和谐统一，追求经济效益、社会效益和环境效益的共赢。绿色经济在发展目标上不仅关注经济增长的数量，更重视经济增长的质量和可持续性，追求绿色 GDP 的增长，即扣除环境成本后的经济增长。

具体来说，传统经济在追求经济增长的过程中，往往采取粗放型的发展方式，大量消耗资源和能源，产生严重的环境污染和生态破坏。而绿色经济则注重资源的节约和高效利用，推动循环经济和资源回收产业的发展，减少资源消耗和环境污染。同时，绿色经济还强调在经济发展的过程中注重环境保护和生态修复，实现经济、社会和环境的协调发展。

（二）产业结构与布局

传统经济的产业结构以重工业和化工业为主，这些产业在生产过程中往往产生大量的污染物和废弃物，对环境造成严重的破坏。而绿色经济的产业结构则更加注重绿色产业的发展，包括生态农业、生态工业、生态旅游、环保产业等。这些产业在生产过程中注重资源的节约和环境的保护，对环境的影响较小。

在产业布局方面，传统经济往往采取集中化、规模化的生产方式，导致资源过度集中和环境污染的加剧。而绿色经济则注重产业的分散化和网络化布局，通过发展小微企业、农村经济和城市绿色产业等方式，实现资源的分散利用和环境的均衡发展。

（三）技术创新与驱动力

传统经济在技术创新上主要关注提高生产效率和降低成本，忽视了技术创新对环境和社会的影响。而绿色经济则强调技术创新在推动经济发展中的核心作用，通过研发和应用新技术、新工艺、新材料等，推动绿色产业的发展和升级。

具体来说，绿色经济在技术创新上注重以下几个方面：一是推动绿色技术的研发和应用，包括清洁能源技术、污染减排技术、资源回收技术等；二是推动绿色产业的创新和发展，包括生态农业、生态工业、生态旅游等领域的创新；三是推动绿色技术和绿色产业的融合发展，形成绿色产业链和绿色产业集群。

（四）政策导向与市场机制

传统经济在政策导向上往往注重经济增长的速度和规模，忽视了环境保护和社会公平的重要性。而绿色经济则强调政策在推动经济发展中的重要作用，通过制定绿色经济政策、提供财政补贴和税收优惠等措施，鼓励企业和个人参与绿色经济活动。

在市场机制方面，传统经济往往存在市场失灵和政府失灵的问题，导致资源过度消耗和环境污染的加剧。而绿色经济则注重市场机制在资源配置中的作用，通过市场机制推动资源的节约和高效利用，促进绿色产业的发展和壮大。同时，绿色经济还强调政府和市场在推动绿色经济发展中的协同作用，形成政府引导、市场主导、社会参与的绿色经济发展格局。

综上所述，绿色经济与传统经济在经济发展理念与目标、产业结构与布局、技术创新与驱动力及政策导向与市场机制等方面存在显著的区别。这些区别体现了绿色经济在推动经济社会可持续发展方面的独特优势和重要作用。

四、绿色经济的发展趋势与挑战

随着全球环境问题的日益严峻和可持续发展的呼声不断高涨，绿色经济作为一种以环保、低碳、循环为核心理念的经济模式，正逐渐成为全球经济发展的新趋势。然而，在其快速发展的同时，也面临着诸多挑战。

（一）绿色经济的发展趋势

1. 政策支持力度将持续增强

随着全球气候变化的加剧和环保意识的提高，各国政府对于绿色经济的重视程度不断提高。未来，各国政府将加大对绿色经济的支持力度，通过制定更加严格的环保法规、提供财政补贴和税收优惠等措施，鼓励企业和个人积极参与绿色经济活动，推动绿色经济的快速发展。

2. 技术创新将成为重要驱动力

技术创新是推动绿色经济发展的关键力量。随着科技的不断进步，新的绿色技术和绿色产品将不断涌现，为绿色经济的发展提供强大的支撑。例如，清洁能源技术、碳捕集与封存技术、资源回收技术等都将得到快速发展和应用，为绿色经济的发展注入新的活力。

3. 产业结构将不断优化升级

绿色经济的发展将推动产业结构的优化升级。未来，绿色产业将成为经济发展的主导产业，而传统的高污染、高能耗产业将逐渐被淘汰。同时，随着人们对绿色生活的追求，绿色消费也将成为新的消费趋势，推动绿色产业的快速发展。

4. 国际合作将不断加强

面对全球性的环境问题，国际合作将成为推动绿色经济发展的重要途径。各国将加强在环保、能源、科技等领域的合作，共同应对气候变化等全球性挑战。同时，各国也将加强在绿色产业、绿色技术等方面的交流与合作，推动全球绿色经济的共同发展。

（二）绿色经济面临的挑战

1. 技术挑战

绿色经济的发展离不开技术的支持。然而，目前绿色技术仍处于发展阶段，许多技术尚不成熟或成本较高，难以大规模应用。此外，绿色技术的研发也需要大量的资金投入和人才支持，这对于许多发展中国家来说是一个巨大的挑战。

2. 经济挑战

绿色经济的发展需要投入大量的资金和资源，这对于许多国家和地区来说是一个巨大的经济压力。同时，绿色经济的初期发展可能会对传统产业造成一定的冲击，导致一些传统产业面临转型或淘汰的风险。此外，绿色经济的发展也需要一定的时间周期，短期内可能难以实现明显的经济效益。

3. 社会挑战

绿色经济的发展需要得到社会各界的广泛支持和参与。然而，目前仍有许多人对于绿色经济的认识不够深入，缺乏环保意识和责任感。同时，一些利益相关方也可能会对绿色经济的发展产生抵触情绪或阻力，这将对绿色经济的推广和应用造成一定的困难。

4. 制度挑战

绿色经济的发展需要完善的制度保障和政策支持。然而，目前许多国家的环保法规和政策还不够完善或执行力度不够，导致一些环保措施难以得到有效实施。此外，一些制度障碍也可能限制绿色经济的发展，如市场准入、产权保护、融资渠道等方面的限制。

综上所述，绿色经济的发展既面临着广阔的市场前景和巨大的发展潜力，也面临着诸多挑战。未来，需要政府、企业和社会各界共同努力，加强技术创新和制度建设，推动绿色经济的快速发展。

第三节 绿色产业与绿色技术

一、绿色产业的发展现状与趋势

随着全球气候变化和环境问题日益凸显，绿色产业作为推动经济社会可持续发展的重要力量，其发展现状与趋势备受关注。以下从四个方面对绿色产业的发展现状与趋势进行深入分析。

（一）绿色产业的当前发展状态

当前，绿色产业正处于快速发展的阶段。在全球范围内，各国政府纷纷将绿色产业作为未来发展的重要方向，通过政策扶持、资金投入等手段，推动绿色产业的快速发展。特别是在一些发达国家，绿色产业已经成为新的经济增长点，对于推动经济转型和升级起到了重要作用。

在中国，绿色产业的发展也呈现出良好的态势。随着生态文明建设的深入推进，绿色产业已经成为国家发展战略的重要组成部分。政府出台了一系列政策措施，如加大绿色技术研发力度、推广绿色生产方式、发展绿色能源等，为绿色产业的发展提供了有力支持。同时，随着人们对环保意识的不断提高，绿色消费也逐渐成为新的消费趋势，为绿色产业的发展提供了广阔的市场空间。

（二）绿色产业的增长动力与特点

绿色产业的增长动力主要来自以下几个方面：一是技术创新。随着科技的不断发展，新的绿色技术和绿色产品不断涌现，为绿色产业的发展提供了强大的技术支撑。二是政策推动。各国政府纷纷出台绿色政策，鼓励绿色产业的发展，为绿色产业提供了良好的政策环境。三是市场需求。随着环保意识的提高和绿色消费的兴起，绿色产业的市场需求不断增长，为绿色产业的发展提供了广阔的市场空间。

绿色产业的特点主要表现在以下几个方面：一是低碳环保。绿色产业注重低碳环保，通过技术创新和绿色生产方式，降低能源消耗和环境污染。二是高效节能。绿色产业注重提高资源利用效率，通过循环利用和节能降耗等手段，实现资源的最大化利用。三是创新驱动。绿色产业注重创新驱动，通过技术创新和模式创新，推动产业的升级和发展。

（三）绿色产业的未来发展方向

未来，绿色产业将继续保持快速发展的态势，其发展方向主要表现在以下几个方面：一是清洁能源。随着化石能源的日益枯竭和环境污染的加剧，清洁能源将成为绿色产业的重要发展方向。二是循环经济。循环经济注重资源的循环利用和节约利用，将成为绿色产业的重要发展方向。三是生态修复。随着环境问题的日益严重，生态修复将成为绿色产业的重要发展方向。四是绿色制造。绿色制造注重产品的绿色设计和绿色生产，将成为制造业的重要发展方向。

（四）绿色产业发展面临的挑战与机遇

绿色产业的发展面临着一些挑战，如技术瓶颈、成本高昂、市场接受度不高等问题。然而，随着科技的不断进步和环保意识的提高，绿色产业的发展也面临着巨大的机遇。一方面，政府将继续加大对绿色产业的扶持力度，为绿色产业的发展提供政策保障和资金支持；另一方面，市场需求的不断增长将为绿色产业的发展提供广阔的市场空间。此外，随着全球环境问题的日益严重，绿色产业的发展也将成为国际社会共同关注的焦点和合作领域。

综上所述，绿色产业作为推动经济社会可持续发展的重要力量，其发展现状与趋势备受关注。未来，随着科技的进步和环保意识的提高，绿色产业将继续保持快速发展的态势，并面临着巨大的机遇和挑战。

二、绿色技术的创新与应用

绿色技术的创新与应用是推动绿色经济发展的核心动力，它不仅能够有效解决环境问题，还能促进资源的高效利用和经济的可持续发展。以下从四个方面对绿色技术的创新与应用进行深入分析。

（一）绿色技术的创新进展

近年来，绿色技术的创新取得了显著进展。在能源领域，太阳能、风能、水能等可再生能源技术不断发展，提高了能源利用效率，减少了温室气体排放。在环保领域，污染控制技术、废物资源化技术、生态修复技术等得到了广泛应用，有效提高了环境质量。在材料领域，生物降解材料、可循环材料等绿色材料技术不断涌现，推动了绿色制造和绿色消费的发展。这些绿色技术的创新不仅提升了环保水平，也为绿色产业的发展提供了有力支撑。

（二）绿色技术的研发与应用模式

绿色技术的研发与应用模式呈现出多元化和协同化的特点。一方面，政府、企业、高校等各方共同参与绿色技术的研发，形成了产学研一体化的研发体系。政府通过政策引导和资金支持，鼓励企业加大绿色技术研发投入；高校和科研机构则发挥人才和技术优势，为绿色技术的研发提供智力支持。另一方面，绿色技术的应用也呈现出协同化的趋势。不同领域、不同行业之间的绿色技术相互融合、相互促进，形成了绿色技术的产业链和生态圈。例如，在绿色建筑领域，节能技术、环保材料、智能控制技术等相互融合，共同推动了绿色建筑的发展。

（三）绿色技术应用的经济效益与社会效益

绿色技术的应用不仅带来了显著的经济效益，还产生了广泛的社会效益。从经济效益来看，绿色技术的应用有助于降低生产成本、提高产品质量、拓展市场空间。例如，在农业领域，生物农药、有机肥料等绿色技术的应用提高了农产品的品质和安全性，增加了农产品的附加值和市场竞争力。从社会效益来看，绿色技术的应用有助于提高环境质量、保护生态系统、促进可持续发展。例如，在交通领域，新能源汽车、智能交通系统等绿色技术的应用减少了交通拥堵和尾气排放，提高了城市空气质量。

（四）绿色技术发展的挑战与前景

绿色技术的发展面临着一些挑战，如技术成熟度不够、成本较高、市场接受度不高等问题。此外，不同国家和地区在绿色技术发展方面也存在差异和竞争。然而，随着全球环境问题的日益严重和可持续发展的呼声不断高涨，绿色技术的发展前景依然广阔。一方面，政府将继续加大对绿色技术的扶持力度，通过政策引导、资金投入等手段推动绿色技术的研发和应用；另一方面，随着科技的进步和环保意识的提高，绿色技术的成本将逐渐降低，市场接受度也将不断提高。此外，国际合作在绿色技术发展方面也将发挥重要作用，各国将加强在绿色技术研发、应用和推广等方面的交流与合作，共同推动全球绿色技术的发展和进步。

综上所述，绿色技术的创新与应用是推动绿色经济发展的重要力量。随着科技的不断进步和环保意识的提高，绿色技术将继续保持快速发展的态势，并在能源、环保、材料等领域发挥越来越重要的作用。同时，我们也需要正视绿色技术发展过程中面临的挑战和问题，并采取相应的措施加以解决和应对。

三、绿色产业对经济的贡献

绿色产业作为现代经济体系的重要组成部分，其在推动经济可持续发展、促进就业、提升技术水平和优化产业结构等方面发挥着举足轻重的作用。以下从四个方面详细分析绿色产业对经济的贡献。

（一）促进经济可持续发展

绿色产业以环保、低碳和循环为核心原则，通过采用清洁能源、发展循环经济、推广节能技术等手段，有效降低了资源消耗和环境污染，为经济的可持续发展提供了有力支撑。与传统产业相比，绿色产业更注重资源的合理利用和环境的保护，其生产过程和产品使用更加符合可持续发展的要求。绿色产业的发展不仅有助于缓解资源短缺和环境恶化的压力，还能够为经济的持续增长提供稳定的动力。

（二）推动就业增长

绿色产业的发展创造了大量的就业机会，推动了就业增长。随着绿色产业的兴起，相关的研发、设计、生产、服务等环节都需要大量的人才支持，从而为社会提供了更多的就业机会。特别是在可再生能源、环保设备制造、绿色建筑等领域，绿色产业的发展带动了相关产业链的完善，进一步扩大了就业规模。此外，绿色产业的发展还促进了劳动力结构的优化，提高了劳动力的技能和素质，为经济的长期发展提供了人才保障。

（三）提升技术水平

绿色产业的发展推动了技术水平的提升。在绿色产业领域，技术创新是推动产业发展的重要动力。随着绿色产业的快速发展，相关的技术研发和应用也得到了迅速推进。一方面，绿色产业需要不断采用新技术、新材料和新工艺，以提高资源利用效率、降低环境污染；另一方面，绿色产业的发展也促进了新技术、新材料和新工艺的研发和应用，推动了整个产业的技术进步。通过技术创新和应用，绿色产业不仅提高了自身的竞争力，也为其他产业的发展提供了技术支持和借鉴。

（四）优化产业结构

绿色产业的发展有助于优化产业结构。传统产业结构往往以高能耗、高污染为特点，对环境造成了严重的破坏。而绿色产业的发展则更加注重资源的节约和环境的保护，通过发展循环经济、推广节能技术等手段，实现了产业结构的绿色化、低碳化和循环化。随着绿色产业的不断发展壮大，其在国民经济中的比重将逐渐提高，成为推动经济转型升级的重要力量。同时，绿色产业的发展还将带动相关产业的发展，如环保设备制造、绿色建筑等，进一步丰富了产业结构，提高了经济的整体效益和竞争力。

综上所述，绿色产业对经济的贡献是多方面的。它不仅能够促进经济的可持续发展、推动就业增长、提升技术水平，还能够优化产业结构、提高经济的整体效益和竞争力。因此，我们应该进一步加强对绿色产业的扶持和培育，推动其快速发展壮大，为经济的长期稳定发展提供有力支撑。

四、绿色技术的政策支持与推广

绿色技术的政策支持与推广是推动绿色科技发展的重要手段，对于促进绿色产业的形成与发展、提升绿色技术的创新与应用水平具有至关重要的作用。以下从四个方面详细分析绿色技术的政策支持与推广。

（一）政策制定与体系完善

绿色技术的政策支持与推广首先需要政策制定与体系的完善。政府应制定一系列绿色技术发展的政策措施，明确绿色技术的研发方向、应用领域及推广目标，为绿色技术的创新与应用提供清晰的方向和路径。同时，政府还需构建完善的绿色技术政策体系，包括财政支持、税收优惠、市场准入等方面的政策，为绿色技术的研发和应用提供全方位的政策保障。

1. 财政支持政策

政府可以通过设立绿色技术研发基金、提供研发经费补贴等方式，鼓励企业和科研机构加大绿色技术的研发投入。同时，对于具有重大创新性和市场应用前景的绿色技术项目，政府可以给予重点支持，推动其快速发展。

2. 税收优惠政策

政府可以通过对绿色技术企业实行税收减免、加速折旧等优惠政策，降低企业的研发成本，提高其研发积极性。此外，对于采用绿色技术的企业和产品，政府还可以给予税收优惠政策，推动绿色技术的广泛应用。

3. 市场准入政策

政府应放宽对绿色技术企业的市场准入条件，鼓励更多企业参与绿色技术的研发和应用。同时，政府还应加强市场监管，确保绿色技术产品的质量和安全，维护市场秩序。

（二）技术研发与创新驱动

绿色技术的政策支持与推广需要注重技术研发与创新驱动。政府应加大对绿色技术研发的投入力度，鼓励企业和科研机构开展绿色技术的研发和创新。同时，政府还应加强与国际间的合作与交流，引进国外先进的绿色技术和经验，提升我国绿色技术的整体水平。

1. 鼓励企业创新

政府可以通过设立创新奖励基金、提供创新贷款等方式，鼓励企业加大绿色技术的研发投入和创新力度。同时，政府还应加强知识产权保护，保护企业的创新成果，激发企业的创新活力。

2. 加强科研支持

政府应加大对科研机构的支持力度，鼓励科研机构开展绿色技术的研发和创新。政府可以设立科研项目基金、提供科研经费补贴等方式，支持科研机构的研发活动。同时，政府还应加强科研机构与企业之间的合作与交流，推动产学研一体化发展。

（三）市场推广与应用普及

绿色技术的政策支持与推广需要注重市场推广与应用普及。政府应通过各种渠道和方式，加大对绿色技术的宣传力度和推广力度，提高公众对绿色技术的认识和了解程度。同时，政府还应加强绿色技术的示范和推广工作，鼓励企业采用绿色技术，推动绿色技术的应用普及。

1. 加大宣传力度

政府可以通过媒体、网络等渠道，加大对绿色技术的宣传力度，提高公众对绿色技术的认识和了解程度。政府可以组织各种形式的宣传活动、展览展示等，展示绿色技术的成果和应用效果。

2. 加强示范推广

政府可以设立绿色技术示范区、推广中心等机构，加强绿色技术的示范和推广工作。政府可以组织专家团队对绿色技术进行评估和推广，鼓励企业采用绿色技术。同时，政府还可以设立绿色技术认证制度，对采用绿色技术的企业和产品进行认证和标识，提高其在市场上的竞争力。

（四）监管与评估机制

绿色技术的政策支持与推广需要建立健全的监管与评估机制。政府应加强对绿色技术研发、应用和市场推广等环节的监管和评估工作，确保绿色技术的质量和安全。同时，政府还应建立绿色技术发展的评估体系，对绿色技术的发展情况进行定期评估和总结，为政策制定和调整提供科学依据。

1. 加大监管力度

政府应加大对绿色技术研发、应用和市场推广等环节的监管力度，确保绿色技术的质量和安全。政府可以设立专门的监管机构或委托第三方机构进行监管和评估工作，对违规行为进行处罚和纠正。

2. 建立评估体系

政府应建立绿色技术发展的评估体系，对绿色技术的发展情况进行定期评估和总结。评估体系应包括技术研发、应用、市场推广等多个环节，以全面反映绿色技术的发展状况。通过评估体系的建立和应用，政府可以及时了解绿色技术的发展动态和问题，为政策制定和调整提供科学依据。

参考文献

[1] 陈晶著 . 经济管理理论与实践应用研究 [M]. 长春：吉林科学技术出版社 , 2022.08.

[2] 郭玉芬著 . 现代经济管理基础研究 [M]. 北京：线装书局 , 2022.08.

[3] 华忠，钟惟钰著 . 协调发展视角下的现代经济管理研究 [M]. 长春：吉林出版集团股份有限公司 , 2023.03.

[4] 李涛，高军主编 . 经济管理基础 [M]. 北京：机械工业出版社 , 2020.08.

[5] 李雪莲，李虹贤，郭向周 . 现代农村经济管理概论 [M]. 昆明：云南大学出版社 , 2021.11.

[6] 刘秀霞，李敏，窦素花编 . 经济管理与会计实践创新研究 [M]. 哈尔滨：哈尔滨出版社 , 2023.01.

[7] 孙可娜主编；向德全副主编；刘立国，赵丽华，冯光娣，张学英，张炼周参编 . 经济管理基础与应用 [M]. 北京：机械工业出版社 , 2022.01.

[8] 王成，李明明著 . 经济管理创新研究 [M]. 北京：中国商务出版社 , 2023.02.

[9] 王建伟著 . 经济管理的实践与创新 [M]. 中国原子能出版社 , 2021.01.

[10] 赵滨，李琳，李新龙著 . 经济管理与人力资源管理研究 [M]. 北京：中国商务出版社 , 2023.05.

[11] 蔚文利著 . 网络经济与管理研究 [M]. 长春：吉林出版集团股份有限公司 , 2022.10.

[12] 吴金梅，秦静，马维宏著 . 经济管理与会计实践创新研究 [M]. 延吉：延边大学出版社 , 2022.07.

[13] 杨红，原翠萍，李增欣著 . 经济管理与金融发展 [M]. 北京：中国商业出版社 , 2022.07.

[14] 张亚东著 . 创新思维驱动经济管理发展研究 [M]. 山西出版传媒集团；太原：山西经济出版社 , 2022.09.